CREARE UN PLUSVALORE PER I CLIENTI.

CREARE UN PLUSVALORE PER I CLIENTI

A cura di: D.K. Hawkins
Versione 1.1 ~Novembre 2022
Pubblicato da D.K. Hawkins su KDP
Copyright ©2022 di D.K. Hawkins. Tutti i diritti riservati.

Nessuna parte di questa pubblicazione può essere riprodotta, distribuita o trasmessa in qualsiasi forma o con qualsiasi mezzo, compresi fotocopie, registrazioni o altri metodi elettronici o meccanici o qualsiasi sistema di archiviazione o recupero di informazioni, senza il previo consenso scritto degli editori, tranne nel caso di brevissime citazioni contenute in recensioni critiche e di alcuni altri usi non commerciali consentiti dalla legge sul copyright.

Tutti i diritti sono riservati, compreso il diritto di riproduzione totale o parziale in qualsiasi forma.

Tutte le informazioni contenute in questo libro sono state accuratamente ricercate e controllate per verificarne l'accuratezza. Tuttavia, l'autore e l'editore non garantiscono, in modo esplicito o implicito, che le informazioni contenute nel presente documento siano adatte a ogni individuo, situazione o scopo e non si assumono alcuna responsabilità per errori od omissioni.

Il lettore si assume il rischio e la piena responsabilità di tutte le azioni. L'autore non sarà ritenuto responsabile di eventuali perdite o danni, conseguenti, accidentali, speciali o di altro tipo, che possano derivare dalle informazioni presentate in questo libro.

Tutte le immagini sono libere di essere utilizzate o acquistate da siti di foto stock o royalty-free per uso commerciale. Per la stesura di questo libro mi sono basato sulle mie osservazioni e su molte fonti diverse; ho fatto del mio meglio per verificare i fatti e dare credito a chi di dovere. Nel caso in cui venga utilizzato del materiale senza il dovuto permesso, vi prego di contattarmi in modo da correggere la svista.

Le informazioni fornite in questo libro hanno uno scopo puramente informativo e non sono da considerarsi una fonte di consulenza o di analisi del credito in relazione al materiale presentato. Le informazioni e/o i documenti contenuti in questo libro non costituiscono una consulenza legale o finanziaria e non dovrebbero mai essere utilizzati senza aver prima consultato un professionista della finanza per determinare cosa sia meglio per le vostre esigenze individuali.

L'editore e l'autore non forniscono alcuna garanzia o altra promessa in merito ai risultati che possono essere ottenuti utilizzando il contenuto di questo libro. Non dovreste mai prendere alcuna decisione di investimento senza aver prima consultato il vostro consulente finanziario e aver condotto le vostre ricerche e la vostra due diligence. Nella misura massima consentita dalla legge, l'editore e l'autore declinano ogni responsabilità nel caso in cui le informazioni, i commenti, le analisi, le opinioni, i consigli e/o le raccomandazioni contenuti in questo libro si rivelino inesatti, incompleti o inaffidabili o comportino perdite di investimento o di altro tipo.

Il contenuto di questo libro, o quello reso disponibile, non è inteso e non costituisce consulenza legale o di investimento, e non si instaura alcun rapporto avvocato-cliente. L'editore e l'autore forniscono questo libro e i suoi contenuti "così come sono". L'uso delle informazioni contenute in questo libro è a vostro rischio e pericolo.

INDICE DEI CONTENUTI.

INDICE DEI CONTENUTI..4

INTRODUZIONE. 6

CAPITOLO 1: CAPIRE IL VALORE. 10

CAPITOLO 2: CREARE VALORE PER IL CLIENTE. 27

CAPITOLO 3: IMPORTANZA DELLA CREAZIONE DI VALORE. 33

CAPITOLO 4: STRUTTURA DI CREAZIONE DEL VALORE. 41

CAPITOLO 5: VALUTAZIONE DELLA CREAZIONE DI VALORE........50

CAPITOLO 6: VALORE DI VENDITA E COME INFLUISCE SUL VOSTRO PRODOTTO. 62

CAPITOLO 7: LA CREAZIONE DI OFFERTE IRRESISTIBILI, CHE RICHIEDONO UN'AZIONE IMMEDIATA, È UN VALORE AGGIUNTO. 67

CAPITOLO 8: COME TRACCIARE IL VALORE DEL CLIENTE NEL TEMPO. 73

CAPITOLO 9: PROPOSTE DI VENDITA UNICHE PER LA VOSTRA AZIENDA IN TEMPI DIFFICILI. 83

CAPITOLO 10: COME AUMENTARE LA PERCEZIONE DEL VOSTRO VALORE DA PARTE DEI CLIENTI. 93

CAPITOLO 11: PROMUOVERE IL "PREZZO BASSO", MA IL "VALORE" È ESSENZIALE PER IL SUCCESSO. 99

CAPITOLO 12: COME UN SITO WEB PUÒ AUMENTARE IL VALORE DI UN'AZIENDA. 106

CAPITOLO 13: STRATEGIA E ATTENZIONE AL CLIENTE............110

CAPITOLO 14: COME MIGLIORARE L'ESPERIENZA DEI VOSTRI CLIENTI. 117

CAPITOLO 15: SUGGERIMENTI PER AGGIUNGERE VALORE AI VOSTRI CLIENTI. 123

CONCLUSIONE. 129

INTRODUZIONE.

I clienti sono qualcosa che non si deve mai perdere quando si fa impresa. Senza di loro non esisterebbe l'impresa. Dovete fare tutto il possibile per stabilire e mantenere un rapporto piacevole con loro.

Si possono fare molte cose per realizzare questo obiettivo, ma molte altre non possono essere fatte per ottenere lo stesso risultato. Tra tutti questi aspetti, il plusvalore è il più importante.

Uno dei peggiori errori che il 99% delle aziende commette è quello di lasciare che i clienti e i potenziali clienti vadano e vengano senza considerare quanto siano preziosi per la sicurezza futura dell'azienda. Prima di ottenere questa risposta, è necessario determinare il valore del cliente.

Ogni cliente acquisterà. Quanto spesso durante l'anno? Per quanto tempo? Se non calcolate questi numeri, non avete un'azienda, perché vi manca un bene significativo. La vostra azienda non ha valore.

Può avere un flusso di cassa, e si può avere un po' di denaro, ma è soprattutto un investimento a breve termine.

Dovete sempre considerare ciò che potete fare per i vostri clienti. Se possedete un po' di avarizia, questa dovrebbe essere a favore del vostro consumatore. Desiderate combattere l'avarizia dei vostri clienti.

Quali vantaggi e benefici potete aggiungere al vostro prodotto o servizio per renderlo irresistibile?

Prendete un foglio di carta e scrivete le parole: "Posso offrire ai miei clienti" e "Posso offrire ai miei clienti più o meno di cosa? Posso offrire ai miei clienti un miglioramento di cosa? Posso offrire ai miei clienti una cosa più forte? Posso offrire ai miei clienti meno o più di cosa?". Tutto ciò che potete immaginare di offrire ai vostri clienti.

Quindi, confrontate i vostri talenti e le vostre capacità attuali con gli altri vantaggi e le caratteristiche elencate e calcolate quanto potrebbe costare fornire questi servizi. Includete le nuove caratteristiche e i nuovi vantaggi, il costo aggiuntivo e una ripartizione delle componenti del costo. Ad esempio, il costo del prodotto, della spedizione, dell'adempimento, della manodopera, dell'inventario e dello stoccaggio. Tutti questi fattori vengono presi in considerazione quando si esegue un esercizio di questo tipo.

Se gestite un'attività basata sui servizi, esprimete l'altro costo relativo al tempo necessario per fornire la funzionalità o il beneficio aggiunto. Questo tempo extra deve essere confrontato con il tempo trascorso a lavorare per qualcun altro, otto ore al giorno, cinque giorni alla settimana, contro il tempo dedicato a studiare come produrre denaro nella vostra attività.

Potete lavorare in modo più intelligente capendo come far lavorare il vostro denaro al posto vostro, così come fate lavorare il vostro prodotto o servizio al posto vostro. Potete ottenere molto di più con meno sforzo.

Se trattate tutti come VIP, saranno loro a costruire il vostro business per voi. Voi fornirete il tempo e il servizio necessari per mantenere buone relazioni con i clienti. Allo stesso modo, se trattate i vostri clienti attuali in modo diverso, potrete dedicare meno tempo all'acquisizione di nuovi clienti con un'azienda di servizi.

Ricordate che mentre il marketing può essere intrapreso per il pubblico, i vostri clienti si concentreranno su una cosa alla volta. Anche se vi rivolgete all'intero mercato, dovete trattare i vostri clienti come individui unici.

CAPITOLO 1: CAPIRE IL VALORE.

Che cos'è il valore?

Il profitto è la differenza tra i vostri costi e il prezzo che ricevete sul mercato per qualsiasi cosa. La redditività dipende dal valore. La comprensione del valore può fornire una serie di informazioni su come aumentare i profitti in qualsiasi azienda. Un metodo utile per considerare questo aspetto è:

Prezzo - Costo = Profitto.

Ciò implica che i grandi guadagni sono sempre il risultato di una comprensione approfondita delle spese e dei prezzi, anche se questo può essere molto più impegnativo di quanto sembri.

Il profitto può essere visto in modo diverso, ma è essenziale capire il ruolo del profitto nella società capitalista per comprendere appieno il concetto. In un mercato libero, l'obiettivo del profitto è quello di attirare persone e capitali verso attività che portano benefici ad altri. Questo suggerisce che la maggior parte delle organizzazioni che hanno problemi di redditività hanno a che fare con uno dei seguenti problemi:

1) Costing.

2) Ottenere clienti.

3) Controllare i costi.

4) Produrre valore.

Molti imprenditori si fissano sul concetto di controllo dei costi, che riceve un'attenzione molto maggiore rispetto ai meriti. Nella maggior parte dei settori, il costo non è la considerazione più essenziale nella scelta d'acquisto del cliente, nonostante la sua importanza. Si tende a concentrarsi sulla riduzione dei costi perché è semplice. Questo è l'approccio sbagliato se si vogliono generare enormi ricchezze.

La chiave per ottenere profitti astronomici.

Come si può intuire dalla frase precedente, i profitti folli sono solo il risultato della fornitura di un valore immenso a un gruppo di consumatori facoltosi. Inoltre, l'ultimo punto relativo alla spesa è essenziale.

Conosco persone che hanno costruito piani commerciali ambiziosi per clienti con poco o nessun reddito disponibile, fallendo per mancanza di fondi. Ricordate cosa disse Willie Sutton quando gli fu chiesto perché i rapinatori di banche commettessero dei crimini:

Poiché è lì che si trovano i soldi

La creazione di valore può essere semplice o impegnativa. Molte persone sono in grado di creare valore in modo semplice. Tuttavia, pochi si impegnano in una creazione di valore impegnativa o complessa. Guadagnerete di più se saprete come farvi pagare per compiti impegnativi. Questo è importante perché dovete comprendere le implicazioni della concorrenza. Considerate quanto segue:

Qual è il valore di un bicchiere d'acqua?

Un bicchiere d'acqua non ha tutto questo valore se siete seduti a casa o sul posto di lavoro. Forse un nichelino all'esterno. Perché? Perché potete facilmente avvicinarvi a un rubinetto e riempire un bicchiere d'acqua per meno di un nichelino senza spendere molto tempo o avere una conoscenza approfondita dell'acqua.

Se io fossi in piedi accanto a voi con l'unico bicchiere d'acqua per 100 miglia, voi stimereste quella bevanda molto di più. Considerate, invece, il valore di quell'acqua se foste coinvolti in un incidente aereo nel deserto. L'alternativa non esisterebbe, ma la richiesta di acqua esisterebbe di sicuro. Questo ci porta a un concetto essenziale sul valore:

Le vostre alternative accessibili definiscono il valore.

In altre parole, se esiste un'alternativa facilmente accessibile a un prodotto o servizio, la maggior parte degli acquirenti la valuterà in modo simile. Questo è uno dei motivi per cui le banche e le compagnie aeree offrono in genere tassi di interesse e biglietti abbastanza simili. Perché pagare di più per uno dei due se non c'è una differenza evidente tra le opzioni?

È qui che entra in gioco la concorrenza.

Quando si fa qualcosa di semplice che genera valore, un rivale può fare la stessa cosa e può anche farla per un nichelino in meno per acquisire il consumatore. Quasi sempre, la disponibilità dei rivali a ridurre i prezzi è limitata dai loro costi. Ciò significa che la maggior parte dei vostri concorrenti ridurrà le proprie tariffe fino al punto di perdere denaro sulla transazione per rubarvi clienti.

Naturalmente, se si guarda la cosa da un'altra prospettiva, essi stanno sacrificando i guadagni per i clienti. Tuttavia, la maggior parte dei concorrenti del settore lo farà, credendo che il volume delle vendite compenserà la perdita. Per comprendere la realtà di questo problema, prendete in considerazione un chiosco di limonate.

Supponiamo di gestire un chiosco di limonate e che il costo per bicchiere di limonata sia di 20 centesimi a causa dell'utilizzo di miscele per limonate, bicchieri e altre forniture. Decidete di mettere in vendita la vostra deliziosa limonata a 50 centesimi per bicchiere, ottenendo il seguente scenario di profitto:

Prezzo=0,50$ - Costo=0,20$.

Profitto=0,30$.

Per determinare l'intero profitto di un'azienda con vendite multiple, dobbiamo sommare i ricavi e le spese per ogni transazione. Un metodo utile per considerare questo aspetto è:

Vendite=Unità X Prezzo.

L'"unità" per la limonata è un bicchiere di limonata, quindi:

Vendite = Bicchieri di limonata X Prezzo.

Supponiamo che 100 clienti acquistino limonata ogni giorno in questo quartiere. Sì, il quartiere della mia infanzia non è mai stato così bello, ma stiamo facendo finta, quindi portate pazienza. Il risultato è il seguente quadro generale dei profitti:

Vendite=50,00$ - Costo=20,00$.

Profitto=30,00 dollari.

Supponiamo che un giorno Egbert metta una bancarella accanto alla vostra. Immaginiamo che entrambi andiate al negozio all'angolo a prendere il preparato per limonata, che costa circa 20 centesimi a porzione e ha costi identici. Quando lanciate il vostro chiosco di limonate, il vostro potenziale di profitto può apparire come segue:

Prezzo=0,50$ - Costo=0,20$.

Profitto=0,30$.

Egbert è naturalmente cattivo come rivale e non sopporta l'idea che voi riceviate denaro. Pertanto,

Egbert sceglie di rubarvi i clienti riducendo i suoi prezzi. I clienti, essendo tali, occasionalmente passeranno a un'alternativa a prezzo più basso, ma altri non lo faranno. Supponiamo che Egbert sia soddisfatto di questo quadro di profitto.

Prezzo=0,40$ - Costo=0,20$.

Profitto=0,20 dollari.

Questo vi farà quasi sicuramente perdere consumatori a favore di Egbert. Chi può biasimarli? L'acquirente riceve la stessa identica limonata a 10 centesimi in meno: che affare! Ora arriva la parte difficile: alcuni clienti non cambieranno e continueranno ad acquistare da voi.

Perché? Ho rinunciato a cercare di capirlo, ma è assolutamente vero. Se ne hanno la possibilità, alcuni pagheranno comunque più del prezzo più basso disponibile. Forse i vostri occhi li attirano, oppure non sono disposti a fare cinque passi in più per raggiungere lo stand di Egbert.

Perché preoccuparsi? Si riesce a fidelizzare questi clienti nonostante il prezzo più alto. Sembra una buona idea, vero? Lo è. A parità di altre condizioni, la maggior parte dei clienti acquisterà da Egbert, diciamo 80. Voi fidelizzate 20 clienti grazie al vostro carisma, alle divertenti battute di vendita e alla buona posizione. Ne consegue il seguente quadro di profitto complessivo:

Vendite=10,00$ - Costo=4,00$.

Profitto=6,00 dollari.

Mentre il quadro generale dei profitti di Egbert sembra essere il seguente:

Vendite=32,00$ -Costi=16,00$.

Profitto=16,00 dollari.

Egbert guadagna più di voi. Poiché il male non trionfa mai, desiderate riconquistare alcuni di quei clienti. Avete ridotto il vostro prezzo a 0,40 dollari per eguagliare quello di Egbert. Cosa succede?

Probabilmente tu ed Egbert vi dividerete il mercato equamente, con 50 clienti ciascuno. Ciò lascia a entrambi il seguente quadro dei profitti:

Vendite=20,00$ -Costi=10,00$.

Profitto=10,00$.

Considerate quello che è successo qui. Quando avete iniziato a vendere limonata, guadagnavate 30 dollari al giorno. Egbert è arrivato e ha ridotto i vostri profitti giornalieri a 6 dollari, in modo da poterne guadagnare 16 ogni giorno, e come risultato dell'adeguamento al suo prezzo, voi avete finito per guadagnare 10 dollari ogni giorno.

In questo esempio, il profitto totale di tutti i venditori di limonata del quartiere è diminuito da 30 dollari (quando eravate gli unici a vendere) a 22 dollari (dopo che Egbert è entrato nel mercato e ha abbassato il prezzo) a 20 dollari (quando entrambi avete applicato lo stesso prezzo e avete realizzato lo stesso profitto). La limonata e i consumatori sono rimasti gli stessi, quindi cosa ha consumato il profitto?

Il profitto viene eroso dalla concorrenza.

A. Sviluppo del valore.

La creazione di valore è uno degli aspetti più significativi della redditività. Se visitate un negozio di alimentari e acquistate un articolo (ad esempio una scatola di crocchette per cani), non potrete uscire dal negozio e rivendere l'articolo a un prezzo più alto.

Questo perché la scatola di crocchette per cani venduta all'esterno dell'esercizio non ha un valore maggiore o minore rispetto alla stessa scatola offerta all'interno. Siete in concorrenza con il negozio perché vendete prodotti identici in un'area vicina. Ma, soprattutto, non avete creato alcun valore.

La vostra scatola di crocchette per cani ha per il cliente lo stesso valore di quella del negozio. La maggior parte dei clienti pagherà di più per le vostre crocchette per cani rispetto a quelle del negozio solo se fornirete un altro valore. Ecco alcuni elementi che potrebbero migliorare il valore delle vostre crocchette per cani:

Li togliete dalla confezione e li date da mangiare al cane.

Li migliorate con l'aggiunta di zucchero.

Li mettete in una scatola esteticamente più gradevole.

I clienti si sentono bene ad acquistare da voi.

Abbracciate l'acquirente per aver acquistato da voi.

Vi comportate bene quando vendete crocchette per cani.

Speriamo che abbiate afferrato il concetto. Potete aggiungere valore migliorando il prodotto, cambiando la confezione o facendo qualsiasi altra cosa che migliori l'esperienza d'acquisto complessiva del cliente, anche se non è un valore elevato, forse solo un centesimo o due per ogni dolcetto. Tuttavia, se vendete un numero sufficiente di caramelle, il valore aggiunto può aumentare e avrete senza dubbio una maggiore capacità di trarre profitto dai vostri prodotti rispetto ai vostri concorrenti.

B. Raggiungere l'unicità.

La situazione di concorrenza con Egbert di cui abbiamo parlato non è poi così rara. A meno che non facciate qualcosa che i concorrenti non possono replicare, avrete una concorrenza, anche se non particolarmente forte.

Come fare in modo che il vostro quadro dei profitti appaia come se non aveste concorrenti?

L'idea è quella di trovare un metodo per essere distintivi. Idealisticamente, volete trovare un'unicità che alcuni dei vostri clienti ritengano importante. Tuttavia, anche la semplice stranezza e la bizzarria possono contare qualcosa: basti pensare al successo di Ben & Jerry's e del Rainforest Café.

In un mondo di vaniglia, il cioccolato avrà un prezzo superiore. Ricordate, però, che se la vostra unicità ha successo e genera un'azienda redditizia, è probabile che i vostri concorrenti tentino prima o poi di imitarla.

L'unicità fornisce un vantaggio competitivo che può essere mantenuto rendendo estremamente difficile l'imitazione da parte dei concorrenti. Ci sono molti modi per raggiungere questo obiettivo. I concorrenti non riusciranno a copiare se si verifica una delle seguenti situazioni:

1. Non possono copiare la vostra originalità.

2. Scelgono di non copiare la vostra singolarità.

3. Non possono duplicare la vostra distintività.

4. L'avversario vi replica in modo inefficace perché manca di concentrazione.

Esaminiamo come mantenere l'originalità alla luce di questi quattro elementi.

I concorrenti riprodurranno qualità differenzianti che sono estremamente difficili da replicare o che richiedono talenti difficili da acquisire. Per utilizzare questo elemento, selezionate le caratteristiche che richiedono competenze che voi possedete e che i vostri concorrenti non hanno.

È estremamente difficile convincere un concorrente a fare qualcosa. Per evitare che i concorrenti copino la vostra differenziazione, potete sceglierne una che sia superficialmente poco attraente. Per esempio, qualsiasi elemento di differenziazione che aumenti i prezzi o contraddica il pensiero tradizionale su come si fanno i soldi nel vostro settore può essere considerato "poco pratico" dai vostri concorrenti.

Ho lavorato con aziende che hanno guadagnato milioni concentrandosi sui clienti meno desiderabili del loro settore, semplicemente perché i loro concorrenti non si erano presi il tempo di capire perché nessuno volesse quei clienti.

Ci sono pochi modi per proibire a un concorrente di copiarvi; la maggior parte richiede assistenza legale e/o governativa. La protezione dei brevetti è un esempio eccellente, in quanto è un mezzo pratico per preservare l'originalità.

Purtroppo, la maggior parte di queste strategie ha una durata limitata. Pertanto, dovreste aumentare la vostra distintività in qualche altro modo mentre siete sotto protezione governativa. Se non lo fate, scoprirete che affidarsi alla protezione legale può essere una dipendenza paralizzante, e smettere di bere a freddo è spesso fatale.

Il vantaggio di concentrazione è indubbiamente uno degli strumenti più semplici e facili a disposizione delle piccole imprese. È particolarmente importante quando si compete con imprese molto più grandi.

Se vi concentrate su una nicchia di mercato sostanzialmente più ristretta rispetto alla concorrenza più grande, probabilmente diventerete il fornitore preferito della nicchia. Concentrando i vostri sforzi per soddisfare le esigenze di un tipo specifico di consumatore, dovreste essere in grado di generare un profitto significativamente maggiore.

Molte piccole imprese rifiutano questa strategia perché ritengono che limiti il loro potenziale di crescita. In genere, però, è vero il contrario. Nel settore assicurativo, ad esempio, abbiamo osservato aziende che hanno ottenuto un'enorme redditività e crescita puntando su un mercato che è meno del 5% di quello a cui si rivolgevano i loro concorrenti.

Troppi individui considerano il profitto come un concetto di base, in bianco e nero, che può essere affrontato solo attraverso mezzi prevedibili e replicabili, come la riduzione dei costi. Capire come l'unicità porti al profitto è una strategia fantastica per differenziare la vostra azienda e ottenere una redditività superiore alla media. Con un piccolo sforzo è possibile distinguere la propria attività e posizionare correttamente l'azienda per ottenere un vantaggio competitivo a lungo termine sul mercato.

CAPITOLO 2: CREARE VALORE PER IL CLIENTE.

Dal punto di vista di un fornitore di servizi, l'acquisizione di un nuovo cliente è importante nel mercato globale. Il ciclo di acquisizione di un cliente è tipicamente lungo, non solo per le implicazioni contrattuali e legali, ma anche perché i clienti spesso basano le decisioni di assegnazione del lavoro sul "valore che l'organizzazione otterrà" con l'ingresso del fornitore di servizi (o vendor) nell'organizzazione.

Lavorare con i nuovi clienti acquisiti o con i clienti esistenti si sta rivelando estremamente difficile per la comunità dei fornitori di servizi nell'attuale contesto commerciale, a causa del rallentamento economico, della riduzione delle attività, della forte concorrenza, dell'impatto sui prezzi e dell'aumento dei costi di gestione e manutenzione, ecc. Di conseguenza, sono costretti a cercare servizi migliori a un prezzo inferiore.

D'altra parte, una volta acquisita l'azienda, il fornitore di servizi tende a diventare un po' compiacente, nella convinzione che il cliente rimarrà e che l'azienda potrà essere gestita come viene. I rapporti tra il cliente e il fornitore di servizi possono diventare tesi se l'attenzione alla costruzione delle relazioni non è condotta in modo positivo. Questo può portare allo sviluppo di crepe.

I clienti di oggi considerano i fornitori di servizi come partner commerciali e sono disposti a condividere il loro ecosistema aziendale per aiutare il fornitore di servizi a comprendere il loro modo di operare. Dovrebbe sembrare un matrimonio d'affari e un rafforzamento delle reciproche competenze di base, anziché una partnership una tantum.

I clienti sono sempre più interessati a sviluppare relazioni a lungo termine con i loro fornitori di servizi e a stabilire una piattaforma comune per lo scambio di requisiti aziendali per un obiettivo condiviso.

Il moderno fornitore di servizi deve concentrarsi sul miglioramento dell'esperienza commerciale del cliente per la sua organizzazione, i suoi clienti e i suoi concorrenti. Quale tipo di servizio, prodotto o strumento proposto e implementato può dare al cliente un vantaggio competitivo rispetto ai suoi rivali?

Dal punto di vista del cliente, il suo stato d'animo consiste nel capire come aumentare drasticamente i profitti o i ricavi e come incrementare la base di clienti e gli obiettivi di fatturato, oppure come ridurre al minimo i problemi operativi, tecnici o di servizio che hanno un impatto sull'azienda o come ridurre i costi di gestione e manutenzione dei servizi IT.

La maggior parte delle organizzazioni globali gestite professionalmente che si impegnano nella gestione dei fornitori e che esternalizzano i loro prodotti o servizi o entrambi, hanno piani aziendali a breve, medio e lungo termine per ottenere benefici aziendali significativi dai fornitori di servizi e li misurano come parte di un BLA, SLA o OLA.

Questi accordi sono tipicamente ben progettati all'inizio di un rapporto contrattuale e rivisti regolarmente con il fornitore di servizi.

I servizi dei fornitori di servizi (venditori) non sono più giustificati in base all'importo pagato all'ora e alla loro capacità di dimostrare, secondo i termini contrattuali, ciò che è stato realizzato per ricevere il pagamento. In termini di annunci di valore, i clienti si aspettano molto più crema che un semplice dollaro in omaggio.

I clienti si aspettano che i fornitori di servizi abbiano molteplici effetti positivi sulle loro attività. Pertanto, è imperativo che i fornitori di servizi pianifichino e dimostrino continuamente il valore che stanno creando per i loro clienti.

È diventato essenziale per i fornitori di servizi sviluppare proposte a valore aggiunto per la crescita del business del cliente e pianificare la dimostrazione delle capacità del cliente per dimostrare maggiore fiducia.

Per un fornitore di servizi, l'esperienza con un nuovo cliente acquisito dovrebbe essere analoga a un evento sportivo in cui i primi minuti sono fondamentali. Se dimostrate di giocare in modo professionale, con un atteggiamento vincente e fiducia nel raggiungimento dei risultati, le vostre possibilità di acquisire un nuovo cliente sono molto buone. Inoltre, anche se si è un giocatore esperto, è necessario vincere ogni partita per stabilire la credibilità.

I fornitori di servizi di oggi devono attenersi alla massima "Vincere il cliente ogni giorno". Ogni piccola azione compiuta dal fornitore di servizi deve portare al risultato desiderato dal cliente. È necessario interagire con il cliente da una prospettiva business-centrica e gestire l'esperienza del cliente con maggiore rigore.

Un paio di sondaggi condotti dai fornitori di servizi possono indicare una percentuale maggiore di strategie incentrate sul cliente, ma la realtà è che solo una parte dei clienti sarà d'accordo.

Il momento clou della sessione: In qualità di fornitore di servizi in un ambiente di business in continua evoluzione, è essenziale adattarsi all'ambiente di business del cliente e allinearsi rapidamente per dimostrare che gli obiettivi in evoluzione del cliente sono i vostri obiettivi per il futuro.

Ad esempio, se il cliente desidera una riduzione del 10% dei costi complessivi, quale sarà la proposta del vostro fornitore di servizi per ottimizzare e consolidare i servizi? Dovete far sentire al cliente che siete parte integrante della sua missione.

CAPITOLO 3: IMPORTANZA DELLA CREAZIONE DI VALORE.

Nella terminologia ingegneristica, il concetto di "macchina a moto perpetuo" si basa sulla produzione di un numero maggiore di prodotti rispetto agli input; allo stesso modo, la comunità imprenditoriale si aspetta una maggiore produzione per ogni dollaro speso.

1. Le organizzazioni clienti sentono l'esigenza di creare valore a livello globale per motivi diversi.

2. I clienti cercano fattori di differenziazione che possano avere un impatto positivo sui loro risultati di business.

3. Come parte della loro filosofia aziendale, le imprese tendono a ottenere di più con meno spese.

4. La pressione del mercato, la concorrenza agguerrita, le complessità aziendali e le traiettorie di crescita esercitano una forte pressione su di loro per fare di più con meno.

5. Per garantire la loro sopravvivenza, i manager delle organizzazioni clienti devono impressionare il loro management acquisendo questi altri vantaggi dai loro fornitori di servizi.

6. È possibile confrontare e selezionare i fornitori di servizi in base al valore aggiunto che forniscono all'azienda.

7. Il cliente si aspetta che il fornitore di servizi sia un partner per la crescita.

Qual è il processo di creazione del valore?

La definizione di creazione di valore potrebbe essere diversa per ogni cliente, in base ai suoi obiettivi aziendali e ai suoi punti dolenti; tuttavia, in senso semplificato, potrebbe essere l'atto di un fornitore di servizi che soddisfa un cliente (durante la creazione, l'implementazione o la gestione di un servizio o di un prodotto) fornendo ritorni superiori agli investimenti del cliente o al costo dei servizi.

Come requisito contrattuale, viene talvolta definito "freebie", perché viene fornito gratuitamente con il servizio o il prodotto reso.

Differenziare la creazione di valore dai servizi a pagamento:

Molti professionisti fanno perennemente confusione sulla distinzione tra creazione di valore e servizi a pagamento.

Ad esempio, un'organizzazione cliente può non essere sorpresa se fornite servizi o prodotti secondo i termini e le condizioni di pagamento contrattuali; tuttavia, il valore creato per lo stesso cliente può superare il valore in dollari pagato ed essere espresso in termini di benefici tangibili o intangibili, come il ritorno sull'investimento, il miglioramento della soddisfazione del cliente nell'organizzazione del cliente, la riduzione del numero complessivo di problemi o questioni aziendali o l'aumento della base di clienti.

I dettagli della creazione di valore non sono quantificati in termini contrattuali nella dichiarazione di lavoro o nell'ordine di acquisto, ma sono aspettative de facto e spesso non scritte del cliente. In alcuni casi, il fornitore di servizi deve scoprirli e portarli all'attenzione degli stakeholder del cliente per guadagnarsi la loro fiducia.

La creazione di valore ha un impatto duraturo sul clima aziendale complessivo dell'organizzazione del cliente.

Strategia per la creazione di valore:

Perché impiegare la strategia?

A causa dell'esplosione della domanda di servizi IT, le organizzazioni di service provider hanno recentemente iniziato a dichiarare, nei loro principi fondamentali di lavoro verso il cliente, che credono nello sviluppo di una strategia aziendale per fornire un valore maggiore. Queste strategie possono migliorare la fiducia del cliente allineandosi ai suoi obiettivi o alle sue preoccupazioni e fornendo rassicurazioni.

In un certo senso, la creazione di valore per un cliente è un processo continuo che deve essere rivisto man mano che gli obiettivi o le preoccupazioni del cliente cambiano in risposta al suo ambiente di lavoro.

Il clou della sessione: La strategia commerciale che un fornitore di servizi deve sviluppare per il suo cliente deve creare un valore almeno due volte superiore a quello del contratto che riceve dal cliente.

Diversi livelli di creazione di valore:

La creazione di valore per il cliente avviene in molti modi e richiede una comprensione completa degli stakeholder, del business, della tecnologia e delle operazioni del cliente. Gli stakeholder dell'organizzazione del cliente comprendono il personale, l'alta dirigenza, gli utenti finali, i clienti e altri fornitori.

A seconda dei problemi, delle questioni, delle preoccupazioni e degli obiettivi aziendali, il valore percepito da ciascun individuo può variare. Il fornitore di servizi deve considerare tutti questi fattori quando fornisce servizi a un'organizzazione.

Il valore creato dal fornitore di servizi ha un sapore diverso e dipende dalle circostanze. È un processo continuo che si crea a livello di istanza. Per comodità, si può suddividere in due livelli.

Livello strategico o aziendale: A livello aziendale, la creazione di valore è l'effetto aggregato sull'ambiente aziendale come risultato del servizio o del prodotto fornito dal fornitore di servizi ed è quantificato in termini di numeri, percentuali, fattori, ecc. Il calcolo e la determinazione del valore aziendale sono difficili e talvolta possono essere fuorvianti.

Spesso la valutazione della creazione di valore è intangibile.

Buoni esempi di creazione di valore tangibile da parte di un fornitore di servizi sono il numero di nuovi clienti acquisiti dal cliente grazie alle prestazioni eccezionali del fornitore di servizi e la percentuale o l'importo in dollari della crescita dei ricavi.

I valori immateriali sono difficili da quantificare; pertanto, potrebbero essere descritti come la capacità del fornitore di servizi di assistere il cliente nell'implementazione coerente dello standard normativo, nel mantenimento della conformità, nella facilità di funzionamento o nel reperimento di competenze difficili quando l'azienda le richiede con urgenza.

A livello operativo, la creazione di valore può essere tangibile o intangibile, a seconda del contesto aziendale del cliente. La creazione di valore a livello operativo può avere o meno un impatto globale sull'ambiente aziendale. Ha un focus più locale.

Esempi di creazione di valore tangibile da parte di un fornitore di servizi sono i miglioramenti basati su SLA, l'elevata disponibilità del sistema, la riduzione di una percentuale dei tempi di inattività e il miglioramento di una percentuale dei tempi di risposta. Le misure del valore immateriale includono il massimo livello di collaborazione, un eccellente lavoro di squadra e la conformità dei processi.

Il valore creato per ogni stakeholder dell'organizzazione cliente è classificato a grandi linee a livello aziendale e operativo.

CAPITOLO 4: STRUTTURA DI CREAZIONE DEL VALORE.

Ogni fornitore di servizi deve sviluppare un quadro di riferimento specifico per il cliente per la creazione di valore, che sia allineato con l'ambiente aziendale del cliente e che possa essere utilizzato continuamente per generare istanze a valore aggiunto. Il framework fornisce ai membri del team dell'organizzazione di service provider una grande coerenza e una comprensione distinta.

Tale struttura dovrebbe funzionare come un motore di creazione di valore ed essere supportata da strumenti e processi per catturare continuamente il polso del cliente. Il fornitore di servizi potrebbe aver bisogno di investire in quest'area, considerando l'espansione della sua attività e delle relazioni con i clienti.

Comprendere le proposte di valore e sviluppare una strategia:

In genere, la proposta di creazione di valore inizia il primo giorno di impegno del cliente. Il fornitore di servizi e il suo team devono fare uno sforzo concertato per pianificare metodicamente ogni attività che aumenta il valore del cliente. Quando un cliente presenta una nuova richiesta di servizio, il fornitore deve dare priorità alla fornitura di altro valore rispetto ai servizi a basso costo.

Spesso il cliente non è chiaro o non si esprime su ciò che può davvero fare la differenza per la sua azienda; in questi casi, il fornitore di servizi deve convalidare la sua comprensione del valore che l'organizzazione del cliente potrebbe ottenere completando compiti specifici. Questo può essere ottenuto attraverso vari forum di discussione e l'esame dell'ambito di lavoro.

Ecco alcuni input che possono aiutare a sviluppare un piano strutturato per la creazione di valore.

1. Determinare il valore che il cliente attribuisce al prodotto;

2. Distinguere gli aspetti tecnologici e commerciali del coinvolgimento dei clienti;

3. Determinare quali sono le caratteristiche e i servizi più importanti per il cliente;

4. Identificare le sfide, le questioni, i vincoli o i problemi più importanti del cliente.

5. Parlare con le parti interessate, come i responsabili dei team tecnici, gli utenti finali, i clienti e il senior management per comprendere gli imperativi e gli impatti aziendali.

6. Comprendere l'ambiente, il mercato, i clienti, l'ubicazione, il settore e la cultura del cliente. Capire come migliorare l'intimità con il cliente e la collaborazione.

7. Stabilire una comprensione e una definizione del valore condivise con il cliente.

Attuare il piano di creazione del valore:

L'attuazione del piano di creazione del valore all'interno dell'organizzazione del fornitore di servizi richiede concentrazione e consenso. Ogni risorsa impegnata nella fornitura di servizi al cliente deve avere una chiara comprensione del valore che deve essere fornito al cliente nel tempo e del metodo con cui queste informazioni possono essere comunicate al management sia dell'organizzazione del cliente sia dell'organizzazione del fornitore di servizi.

Il piano di creazione del valore deve prendere in considerazione alcune proposte di valore aggiunto a livello di tecnologia, processo, strumento o attività che possono portare benefici al cliente; ogni proposta deve essere valutata alla luce del contesto aziendale del cliente.

L'organizzazione del fornitore di servizi deve credere in una cultura aperta di collaborazione con i clienti e avere il coraggio di evidenziare ambiguità, punti ciechi e aree problematiche in modo formale per ridurre al minimo l'impatto negativo sull'attività del cliente.

Ogni elemento di un beneficio che può aggiungere valore a qualsiasi stakeholder dell'organizzazione del cliente deve essere preso in considerazione. Talvolta, le proposte a valore aggiunto possono avere benefici sia a breve che a lungo termine.

Durante l'implementazione di una proposta a valore aggiunto, l'attenzione deve essere rivolta al mantenimento di risorse preziose che possono generare un valore significativo per l'organizzazione del cliente.

Catturare, qualificare e quantificare i casi di creazione di valore:

Spesso i team dell'organizzazione di un fornitore di servizi svolgono un lavoro a valore aggiunto per il cliente, ma non riescono a darne visibilità al cliente e al management dell'organizzazione del fornitore di servizi, per cui il lavoro passa inosservato. Questo svantaggia il team del fornitore di servizi perché perde la possibilità di essere riconosciuto.

Un altro svantaggio è che l'alta dirigenza dell'organizzazione del fornitore di servizi non ha una prospettiva e quindi perde l'occasione di dimostrare le best practice ad altri potenziali clienti. Di conseguenza, il quadro di riferimento per la creazione di valore e la sua diffusione al team dell'organizzazione di fornitori di servizi forniscono la soluzione corretta a questo problema.

La creazione di valore trasforma la situazione aziendale del cliente in modo da renderlo più competitivo e consentirgli di raggiungere rapidamente i suoi obiettivi aziendali.

La misurazione della creazione di valore richiede l'implementazione di un processo sistematico per garantire che tutti i casi di aggiunta di valore siano catturati, quantificati, rappresentati e approvati dal cliente.

Ciò contribuisce a creare una base più convincente per rafforzare e coltivare la relazione. In genere, i clienti sperimentano gli effetti dei servizi a valore aggiunto che hanno ricevuto dai fornitori di servizi.

La qualificazione di ciò che costituisce un servizio a valore aggiunto per un cliente specifico è essenziale, e si ottiene attraverso una stretta collaborazione e frequenti consultazioni con i rappresentanti dell'organizzazione del cliente a tutti i livelli.

Il fulcro della qualificazione di un servizio a valore aggiunto deriva dall'ambiente aziendale del cliente ed è essenziale identificare i colli di bottiglia, gli ostacoli e i problemi attraverso un dialogo continuo, riunioni di revisione e presentazioni al management.

Una volta determinati gli attributi degli elementi di valore qualificanti, è possibile progettare un processo e/o degli strumenti per catturarli, quantificarli e misurarli con la frequenza desiderata. È inoltre essenziale verificare i requisiti di idoneità con il cliente.

Ad esempio, se un cliente si trova ad affrontare problemi di gestione del cambiamento con il proprio personale durante l'implementazione di un nuovo processo aziendale attraverso un sistema IT e voi siete un fornitore di servizi di sistema IT, potete offrirgli un facilitatore del cambiamento in grado di affrontare efficacemente questo problema per evitare fallimenti nell'implementazione. Di conseguenza, la qualificazione di ciò che sarà veramente di valore per il cliente è fondamentale.

La quantificazione avviene immediatamente dopo la determinazione del valore qualificato del cliente.

La quantificazione di un elemento di valore aggiunto dallo stato inesistente o minimo alla forma tangibile dopo che voi, come fornitori di servizi, avete lavorato su di esso, può dimostrare il vostro successo. Che si tratti di un cliente o di un fornitore di servizi, la quantificazione del valore aggiunto in termini misurabili fornisce sempre un indicatore di riferimento comparativo all'interno dell'organizzazione e, spesso, tra i concorrenti.

La quantificazione del valore aggiunto può essere effettuata in molti modi, ad esempio con numeri, percentuali o su una scala da 0 a 5 o da 0 a 10. Un calcolo accurato delle misure del valore aggiunto, tempestivo e con una periodicità logica, fornisce una buona tendenza per aiutare il fornitore di servizi a ottenere di più, mentre la presentazione di questa tendenza a intervalli periodici aumenta la fiducia del cliente.

CAPITOLO 5: VALUTAZIONE DELLA CREAZIONE DI VALORE.

La misurazione della creazione di valore richiede una chiara comprensione e definizione delle misure, un'acquisizione tempestiva e una comunicazione convincente con il cliente.

La creazione di valore avviene in modo diverso e continua finché il fornitore di servizi non inizia a lavorare con l'organizzazione del cliente. Queste metriche devono anche misurare le prestazioni di strumenti, processi e persone per determinare se producono risultati basati sul valore.

Di seguito sono elencate alcune metriche tipiche che dimostrano che si sta verificando una creazione di valore.

Indice di gradimento del cliente (CDI): È una delle misure che i fornitori di servizi possono utilizzare per determinare il livello di soddisfazione dei clienti. Questa metrica può essere raccolta a intervalli regolari.

La tendenza all'aumento del CDI e il suo mantenimento costante ai massimi livelli indicano che il cliente è soddisfatto della qualità dei vostri servizi. È possibile determinare quali aspetti dei servizi contribuiscono maggiormente alla soddisfazione dei clienti.

Alcuni esempi di soddisfazione del cliente sono la consegna tempestiva dei servizi durante un impegno o un periodo, la dimostrazione di prestazioni di livello superiore allo SLA concordato e i tempi di risposta alle domande significativamente più rapidi rispetto alla tempistica concordata.

L'utilizzo di tecniche e concetti innovativi durante la fornitura di servizi a un cliente può migliorare la produttività riducendo i tempi di inattività del sistema.

Ad esempio, se siete responsabili della manutenzione dei sistemi IT dei clienti, che in passato registravano tempi di inattività da quattro a sei ore alla settimana, e avete creato procedure e strumenti di manutenzione migliori e innovativi per ridurre drasticamente tali tempi di inattività a una o due ore, potete avere diritto a un bonus. Questo è un ottimo esempio di valore aggiunto da mostrare al cliente.

Dopo aver acquisito le metriche del valore aggiunto, è necessario rappresentarle nel forum appropriato. I fornitori di servizi possono condividere i risultati dei loro sforzi per creare servizi a valore aggiunto con le organizzazioni dei clienti durante le revisioni periodiche della gestione, del business e dei progressi.

Per creare un ambiente favorevole e dimostrare di essere allineati con gli obiettivi aziendali o le preoccupazioni dell'organizzazione del cliente, i fornitori di servizi spesso scelgono i periodi di rinnovo o di estensione del contratto per discutere con i clienti dei servizi a valore aggiunto.

Tali servizi a valore aggiunto vengono condivisi con il cliente a livello di team attraverso casi di studio o best practice. Uno degli aspetti essenziali per determinare se abbiamo creato o meno valore per i nostri clienti può essere affrontato ottenendo una prospettiva esterna. Questa prospettiva può essere ottenuta parlando con un gruppo di analisti, un concorrente o un'organizzazione di sondaggi.

Si tratta di un'operazione un po' complicata a causa dei problemi di riservatezza e, a volte, dell'ambiguità delle misure di valore aggiunto. I fornitori di servizi possono utilizzare una prospettiva di terzi per comprendere la creazione di valore per le grandi organizzazioni clienti.

La valutazione del polso del cliente e la sua approvazione della creazione di valore per il lavoro svolto dal fornitore di servizi indica anche se gli stakeholder dell'organizzazione del cliente sono soddisfatti o meno e se il rapporto è vantaggioso per tutti.

I punti salienti della sessione includono:

Il quadro di riferimento per la creazione di valore è una risorsa a lungo termine per l'organizzazione del cliente, che gli dà fiducia e visibilità su ciò che il fornitore di servizi può fare per aumentare il suo valore aziendale.

Strumenti per la creazione di valore: Le organizzazioni di service provider possono aver creato e implementato strumenti specifici per più clienti, alcuni dei quali possono essere identici per incarichi simili. A seconda del contesto aziendale del cliente, potrebbe essere necessario sviluppare strumenti che, se utilizzati in modo efficace, possono fornire maggiori benefici e valore al cliente.

È essenziale considerare gli strumenti che possono dare risultati rapidi per l'organizzazione del cliente. Questo deve essere fatto prima che il cliente ritenga di non ricevere più valore dal fornitore di servizi.

Di seguito sono riportati alcuni esempi di strumenti consigliati:

Molti fornitori di servizi utilizzano immancabilmente modelli di ritorno sull'investimento (ROI) per dimostrare il valore derivante dagli incarichi nel tempo. La scelta dei parametri di input e output rende difficile il calcolo del ROI.

1. Componenti riutilizzabili: Si tratta di una delle maggiori risorse che un fornitore di servizi può capitalizzare, in quanto i componenti riutilizzabili possono avere un impatto positivo sui prodotti e sui risultati dell'organizzazione del fornitore di servizi, riducendo così gli errori, risparmiando tempo e fornendo un vantaggio per gli impegni dei clienti.

Se un fornitore di servizi non dispone già di componenti riutilizzabili, può crearli per il suo cliente, in modo che l'organizzazione del cliente possa utilizzarli senza altri tempi e sforzi. Diventa un asset che aggiunge valore.

Inoltre, calcolare e dimostrare il valore aggiunto del servizio o del prodotto a un'organizzazione cliente che lo utilizza regolarmente è relativamente semplice. Gli insiemi di requisiti/casi d'uso, casi di test, modelli, oggetti e piattaforme sono esempi tipici di componenti riutilizzabili, così come i flussi di processi aziendali standard per un particolare processo aziendale o prodotto.

2. Indagine sulla soddisfazione del cliente: Un sondaggio sulla soddisfazione del cliente è uno dei metodi più efficaci utilizzati da quasi tutti i fornitori di servizi per valutare il livello di valore aggiunto dei servizi forniti al cliente.

Molte aziende fornitrici di servizi hanno creato portali di sondaggio per i loro clienti, per raccogliere feedback sui loro servizi a valore aggiunto ai vari stakeholder. Le risposte al sondaggio includono domande specifiche e punteggi che descrivono il servizio/prodotto a valore aggiunto fornito dai fornitori di servizi.

3. Generazione di idee e modelli di innovazione: Si tratta di una delle aspettative principali e più diffuse che le organizzazioni clienti hanno nei confronti dei loro fornitori di servizi, e i contratti di rinnovo spesso esaminano questi aspetti in modo molto dettagliato.

L'organizzazione cliente vuole sapere quale struttura ha sviluppato il fornitore di servizi, quali componenti sono dimostrabili e se le risorse considerano ogni problema e questione in modo creativo, ecc. In realtà, le origini dei servizi a valore aggiunto derivano interamente da nuove soluzioni.

Molte organizzazioni di fornitori di servizi dispongono di portali, strutture e iniziative per promuovere l'innovazione e le idee generate dai dipendenti, che possono essere implementate per fornire servizi a valore aggiunto ai loro clienti.

4. Registro dei valori: Mantenere un registro del valore e registrare tutti i casi di servizi a valore aggiunto forniti al cliente in modo tempestivo è un

approccio diretto per catturare tutti i casi di valore aggiunto per il cliente durante gli impegni.

5. Strumenti motivazionali: Molte organizzazioni di fornitori di servizi utilizzano strumenti motivazionali con incentivi, premi, ecc. per incoraggiare la generazione di idee nuove, creative e innovative.

Spesso le organizzazioni dei clienti consegnano anche certificati e premi in denaro ai lavoratori dei fornitori di servizi come riconoscimento dei loro contributi eccezionali e dei loro servizi a valore aggiunto. Tra gli esempi vi è quello di fornire soluzioni fuori dagli schemi a questioni o problemi dei clienti che non sono tipici delle operazioni quotidiane.

6. L'utilizzo delle best practice è paragonabile all'impiego di componenti riutilizzabili. Poiché molti fornitori di servizi lavorano in ambienti con più clienti, le best practice raccolte da altri clienti e da altri incarichi vengono archiviate in un repository e applicate quando si presentano situazioni simili per altri clienti.

L'utilizzo delle best practice per risolvere i problemi dei clienti è molto efficace quando l'ambiente aziendale e le circostanze sono identiche. Ciò aggiunge un valore significativo all'organizzazione del cliente.

7. Strumenti specifici per il cliente: La gestione delle relazioni e la visibilità a livello manageriale sono di estrema importanza per i clienti più grandi. La maggior parte dei fornitori di servizi si sforza di creare cruscotti di programma, scorecard, cruscotti di gestione degli SLA e portali di reporting per visualizzare i risultati ottenuti, le tendenze di avanzamento su varie metriche e lo stato generale dell'account. Questo servizio fornisce valore all'organizzazione del cliente.

8. Strumenti per le escalation e la gestione dei problemi: Si tratta di strumenti abbastanza comuni ma essenziali, soprattutto per i clienti di grandi dimensioni. L'evidente vantaggio aggiunto di queste soluzioni per il cliente è una forte riduzione del tempo e dell'impegno necessario per elaborare i problemi e le escalation.

Quando influisce negativamente sull'azienda, è essenziale condividere le informazioni con le parti necessarie, ad esempio quando i problemi sorgono o si intensificano, chi li affronta e qual è la risoluzione. Con questi strumenti, è possibile progettare un flusso di lavoro eccellente e un processo end-to-end.

Molti fornitori di servizi popolano i database dei problemi e delle escalation per la gestione futura dei problemi. Anche per i clienti più piccoli, un semplice registro dei problemi e delle escalation basato su Excel, con i dati necessari, costituisce un solido archivio e tali eventi precedenti possono essere utili per problemi futuri di tipo simile.

9. Strumenti Six Sigma: Gli strumenti Six Sigma sono molto efficaci e focalizzati sui risultati. Aiutano i team dei fornitori di servizi a catturare la voce del cliente (VOC) nella fase di definizione. Le misure critiche per la qualità (CTQ) vengono identificate e monitorate durante tutto il ciclo di miglioramento.

Gli strumenti Six Sigma sono sufficienti a dimostrare il loro valore, poiché i progetti Six Sigma richiedono normalmente due o tre mesi per essere completati. Poiché la tecnologia è ampiamente utilizzata e accettata, è semplice convincere i clienti dei vantaggi del suo utilizzo per dimostrare l'aggiunta di valore.

I punti salienti della sessione includono: Gli strumenti sono le risorse che consentono continuamente ai fornitori di servizi di ottenere prestazioni migliori per i loro clienti a un costo inferiore.

In conclusione, la creazione di valore per il cliente non è un esercizio una tantum volto a strappargli un sorriso, ma un processo continuo di implementazione di una strategia aziendale supportata da soluzioni innovative e di gestione di tutto il coinvolgimento del cliente per dimostrare ritorni misurabili sui suoi investimenti.

CAPITOLO 6: VALORE DI VENDITA E COME INFLUISCE SUL VOSTRO PRODOTTO.

È il consumatore a determinare la definizione di valore. O si fa ciò che è meglio per il consumatore (come stabilito in precedenza) o non lo si fa. Dal punto di vista del consumatore, "valore aggiunto" non implica nulla. Non aggiunge un valore significativo al prodotto stesso. Il valore di base del prodotto dovrà reggersi da solo.

I consumatori acquisteranno da un addetto alle vendite che si preoccupa veramente delle loro esigenze e che non offre articoli "extra" per fare la vendita.

Ho passato anni a cercare di convincere gli addetti alle vendite che il valore che "portano" proviene da loro stessi. Non è qualcosa che l'azienda offre per compensare la propria incapacità di comprendere il consumatore e i suoi desideri.

Affermare di offrire un servizio a valore aggiunto è come dire a un potenziale cliente: "Compra quest'auto da me perché le gomme sono gonfie".

Dare valore richiede inizialmente di adottare la prospettiva dell'acquirente. Capite che l'acquirente cerca sempre di soddisfare i suoi desideri e le sue esigenze, mai i vostri. Non vi prende in considerazione! Si tratta sempre di loro e mai di voi.

Quattro livelli di soddisfazione dell'acquirente:

Dovete soddisfare le aspettative del consumatore. Considerate come potete raggiungere questo obiettivo con il vostro prodotto o servizio. È chiaro che il prodotto o il servizio soddisfa le richieste del cliente, non un valore aggiunto. Nulla di ciò che viene aggiunto ai prodotti o ai servizi può aiutarvi a raggiungere le aspettative del cliente.

Non sto dicendo che gli extra non siano importanti; sono l'oggetto dell'affermazione seguente. Intendo dire che il prodotto porta con sé determinate aspettative, che devono essere soddisfatte, altrimenti l'acquirente cercherà altrove. Le aspettative si concentrano sul prodotto, non sul vostro valore aggiunto.

Potete fornire un elenco di venti probabili aspettative dell'acquirente prima della vostra prima conversazione?

Potete dimostrare come il vostro prodotto soddisfi questi requisiti senza usare superlativi? Create un elenco di venti articoli che soddisfino i requisiti dell'acquirente. Il giorno successivo, aggiungete altri venti elementi all'elenco.

Una volta che il potenziale acquirente è convinto che possiate soddisfare le sue aspettative, dovete dimostrare la vostra capacità di superarle. Dovete continuamente chiedervi come potete superare le aspettative dei potenziali acquirenti, aggiungendo cosa al prodotto d'acquisto iniziale.

È qui che si fornisce un valore aggiunto.

Considerate venti modi per superare le aspettative dei vostri potenziali acquirenti. Considerate questi fattori dal punto di vista dei vostri nuovi clienti per vedere se avete centrato l'obiettivo. In caso contrario, tornate a generare altre venti idee. Il giorno successivo, aggiungete altri venti elementi all'elenco.

Poi, dovete continuare a soddisfare il cliente anche dopo il momento della vendita. A volte si parla di "soddisfazione delle vendite". Dovete comprendere la distinzione tra soddisfazione e piacere. Chiedetevi continuamente: "Come posso soddisfare il mio cliente? Poi escogita i mezzi per raggiungere la soddisfazione del cliente. Riuscite a trovare venti metodi per soddisfare i vostri clienti?

Domani prenderete in considerazione venti parole in più?

Come intendete attuare i cambiamenti di oggi?

Quali sono i vostri piani per il giorno successivo?

Sapete che impressionare il potenziale acquirente in ogni fase del processo di vendita è essenziale per essere i migliori. In definitiva, dovete comprendere il potere dello stupore. Fermatevi ora e considerate venti modi in cui potreste stupire il vostro potenziale acquirente dal primo contatto fino a quando non vi segnalerà ai suoi amici. Il giorno dopo, consideratene altri venti. Pianificate il modo in cui volete applicare queste misure.

Il valore richiede la comprensione dell'acquirente! Il vostro prodotto è il vostro valore e il vostro prodotto è vostro. Senza di voi, il vostro prodotto non è altro che una merce. I professionisti delle vendite prendono la merce, aggiungono se stessi al mix e generano un valore enorme per i potenziali acquirenti.

CAPITOLO 7: LA CREAZIONE DI OFFERTE IRRESISTIBILI, CHE RICHIEDONO UN'AZIONE IMMEDIATA, È UN VALORE AGGIUNTO.

Aggiungere valore significa fornire ai clienti più di quanto potrebbero ricevere altrove. La maggior parte delle persone oggi è orientata al valore. Non è il prezzo che conta: il valore aggiunto che ricevono giustifica il costo del vostro widget.

Offrite ai vostri clienti un valore d'uso significativamente maggiore di quello che ricevete in termini di valore finanziario. Quando offrite di più a ogni acquisto, gli acquirenti percepiscono che quell'acquisto ha un valore maggiore. Questo valore aggiunto vi dà un vantaggio competitivo chiaro e inequivocabile rispetto a tutte le altre aziende che vendono prodotti simili.

L'obiettivo è aumentare il valore di ciò che vendete. Rendete molto più vantaggioso e prezioso per l'acquirente l'acquisto da voi. Volete che la decisione d'acquisto sia "senza dubbio" a vostro favore, grazie al sostanziale valore aggiunto che fornite.

L'inclusione di altri bonus per ogni acquisto è un modo semplice per aumentare il valore. Ad esempio, una bella borsa per ogni computer portatile, un grembiule per ogni macchina per la pasta o una cintura per attrezzi di alta qualità per ogni trapano elettrico. Molti premi di questo tipo sono disponibili presso fornitori specializzati in grandi quantità e a costi accessibili.

Fornire gratuitamente relazioni stampate, audiocassette, film o CD è un metodo semplice ed economico per offrire valore. L'obiettivo è fornire informazioni utili e tempestive all'acquirente. Si spera anche che si tratti di qualcosa che non può trovare altrove.

Spesso questi "extra" possono essere replicati a un costo molto basso, ma il valore percepito che offrono a un prodotto può valere cento volte o più del loro costo reale.

Una componente sostanziale di una scrittura efficace è un'offerta convincente. Più la vostra offerta è convincente per i potenziali clienti, maggiori sono le probabilità di concludere l'affare. Molti specialisti della risposta diretta concordano sul fatto che se volete aumentare i vostri risultati, dovete migliorare la vostra offerta. Un'offerta migliore significa un valore maggiore. Gli acquirenti ricevono un valore maggiore per il loro denaro.

Ci sono molti buoni esempi di marketing a valore aggiunto mostrati in televisione. Potete accendere la televisione in qualsiasi momento o di notte e assistere a molti esempi di altri valori.

Partendo da questa premessa, il coltello Ginsu è stato venduto a livello commerciale per anni. Si ricevono più coltelli a un prezzo basso. "Acquistando il famosissimo Ginsu Deluxe, riceverete anche questo e quest'altro, e se lo ordinate entro i prossimi otto minuti, riceverete anche questo esclusivo articolo extra in omaggio!". Gli addetti al marketing del marchio Ginsu hanno venduto milioni di pacchetti utilizzando questa strategia a valore aggiunto.

Osservate un qualsiasi spot televisivo di oggi e vedrete che le stesse offerte a valore aggiunto sono sempre utilizzate. Perché? Perché funzionano in modo eccezionale.

I club del libro e del CD utilizzano il concetto di valore aggiunto per acquisire una parte di questo prezioso mercato. Come possono attirare le persone abituate ad acquistare libri e CD nei centri commerciali? Fornendo un valore eccezionale in anticipo. "5 libri per 5 dollari" o "Scegli 3 CD gratis con il tuo primo ordine" sono esempi di offerte a valore aggiunto fatte principalmente per attirare i consumatori che si avvicinano per la prima volta.

Quasi tutte le organizzazioni possono fornire valore con semplici prodotti informativi. Create prodotti con un valore aggiunto e "informazioni interne" che siano utili ai vostri clienti. Si può trattare di come ottenere di più dalla nuova apparecchiatura, di come mantenerla in modo che duri più a lungo e funzioni in modo affidabile per anni, o di come utilizzare il nuovo widget in 37 modi diversi in casa o in ufficio.

Un'altra alternativa è quella di fornire agli acquirenti le informazioni che probabilmente troveranno preziose. Per esempio, una fattoria di fragole potrebbe fornire una o due fantastiche ricette di frittelle, torte o crostate di fragole. Non è difficile creare la percezione di un valore aggiunto. Questo è un esempio di valore aggiunto di base, accessibile e appropriato.

Fornire un valore aggiunto crea una situazione in cui tutte le parti sono soddisfatte dell'acquisto. I consumatori ricevono più valore per il loro denaro e sono felici di condividere le loro esperienze positive con altri. L'aggiunta di valore aumenta l'attività di referral. Man mano che si sparge la voce sui vantaggi unici offerti dal vostro studio, ottenete una base di consumatori più ampia.

Come potete migliorare il valore percepito della vostra offerta attuale? Una piccola dose di inventiva può rendere la vostra offerta di vendita molto più attraente, e un'offerta allettante attira molti più clienti interessati.

CAPITOLO 8: COME TRACCIARE IL VALORE DEL CLIENTE NEL TEMPO.

Il Santo Graal del marketing online è tracciare il valore del cliente nel corso della vita e valutare il ROI di ciascuno dei vostri veicoli di marketing. Purtroppo, molti marketer online non hanno le capacità esecutive necessarie per realizzare questa ambizione. Questi marketer raggiungono l'obiettivo di valutare il valore del cliente nel corso della vita, ma utilizzano così tante scorciatoie che le loro conclusioni sono dubbie.

Tracciare il valore del cliente nel corso della vita è più difficile di quanto sembri all'inizio, poiché i responsabili del marketing si affidano a due sistemi distinti per il monitoraggio dei clienti, che in genere non comunicano tra loro. Il primo sistema di tracciamento è un pacchetto di analisi web, il più popolare dei quali è Google Analytics.

Il secondo sistema di tracciamento è il sistema transazionale (come un database di e-commerce) che registra i clienti e gli ordini. Sebbene il pacchetto di analisi online contenga informazioni sull'origine dei clienti, il valore di vita del cliente è generalmente memorizzato nel sistema transazionale, il che rappresenta un ostacolo.

Poiché gli addetti al marketing non comprendono come interfacciare il software di analisi con il sistema transazionale, iniziano a prendere scorciatoie. La scorciatoia più frequente consiste nel ricavare un valore medio del cliente nel corso della vita dal sistema transazionale e presumere che tale valore si applichi a tutte le categorie di clienti.

Questo presupposto significativo spesso non regge quando è possibile accedere al valore reale del ciclo di vita del cliente per segmento. La realtà è che alcuni segmenti spendono molto di più di altri. Pertanto, è necessario guardare più a fondo.

A volte gli addetti al marketing stimano il valore del cliente in base alle informazioni contenute in Ad Words o in Google Analytics (quando le funzionalità di e-commerce sono attivate). Il problema di questa strategia è che Ad Words utilizza un cookie di 30 giorni, quindi è possibile tracciare la spesa dei consumatori solo per i primi 30 giorni dopo che un utente ha fatto clic su un annuncio. Si tratta di un lasso di tempo insufficiente per valutare il valore di vita.

Esistono due metodi fondamentali per tracciare efficacemente il valore del cliente nel corso della vita: trasferire le informazioni sulla fonte del cliente al sistema transazionale o estrarre informazioni sufficienti dal pacchetto di analisi per abbinarle al sistema transazionale. Nel primo caso, si etichetta ogni campagna pubblicitaria sponsorizzata con altri dati che definiscono l'origine del cliente.

Ad esempio, supponiamo di gestire pubblicità per il vostro sito web. Invece di inserire "http://YourURLHere.com/" per la pagina di destinazione al momento della configurazione degli annunci, utilizziamo "http://YourURLHere.com/?source=123", dove 123 rappresenta la campagna pubblicitaria.

Il sistema transazionale deve quindi acquisire "?source=123" e associare questi dati al cliente corretto. In altre parole, quando un consumatore fa clic sull'annuncio, si memorizza "123" nella colonna del database relativa a quel cliente.

Se avete creato il vostro sistema transazionale, questa modifica non è difficile nella maggior parte delle piattaforme. A seconda della flessibilità del vostro sistema transazionale/commerciale, questa strategia può essere applicabile o meno.

Oltre alle sfide di integrazione, questa strategia presenta altri vantaggi e svantaggi. Una volta che il sistema è operativo, è piuttosto semplice generare report che illustrino le entrate complessive per campagna e quali clienti hanno acquistato e quando. Questo perché tutti i dati relativi alla segmentazione e alle entrate risiedono in un unico luogo: i sistemi transazionali.

Tuttavia, i costi delle campagne non sono presenti nei sistemi transazionali, quindi è necessario confrontarli. Tuttavia, si tratta di un'operazione semplice che può essere completata manualmente se non si hanno molte campagne.

Questa strategia funziona per le campagne pubblicitarie sponsorizzate e per altre strategie in cui è possibile controllare l'URL (per aggiungere le informazioni "?source=123"). In alcune circostanze, come la ricerca libera, non è possibile controllare l'URL.

Di conseguenza, non è possibile calcolare il ROI per tutte le fonti utilizzando questo metodo. Anche se siamo principalmente interessati al ROI delle campagne pubblicitarie a pagamento, è sempre utile conoscere il ROI del lavoro SEO e di altri progetti di marketing.

Il secondo metodo per tracciare il valore della vita del cliente consiste nel raccogliere dati sufficienti dal sistema di analisi web per determinare l'origine dei clienti. Se si utilizza Google Analytics, è necessario attivare le funzioni di e-commerce.

Dopo aver completato questi passaggi, è possibile generare rapporti in Google Analytics che visualizzano gli ID delle transazioni in base alla provenienza dei clienti. Ad esempio, si può selezionare l'area E-Commerce e il rapporto Transazioni in Google Analytics. È quindi possibile scegliere un segmento o utilizzare la dimensione secondaria per filtrare i risultati.

Ora si dispone di un elenco di transazioni organizzate in base alla loro origine. Queste informazioni possono essere esportate da Google e importate in un database di reportistica per il vostro sistema transazionale, dove è possibile visualizzare gli acquisti successivi effettuati dai clienti da ciascuna fonte.

In altre parole, Google Analytics vi informa che l'ordine 1001 è stato effettuato da un consumatore arrivato da una certa campagna. Ora potete accedere al vostro sistema transazionale per determinare che questo cliente ha successivamente effettuato gli ordini 1010 e 1011.

Per esportare i dati da Google Analytics, è consigliabile utilizzare un programma automatico. Excellent Analytics è un componente aggiuntivo di Excel che utilizza l'API di Google Analytics per recuperare i dati da Google Analytics. Questa strategia richiede un certo sforzo per essere impostata, ma è incredibilmente vantaggiosa se la si segue.

Questo secondo metodo si applica a quasi tutte le fonti di clienti, e questo è uno dei suoi numerosi vantaggi. Volete sapere quanto spendono i clienti della ricerca organica?

Con questo metodo non ci sono problemi. Potete rendere i dati granulari quanto desiderate.

Ad esempio, è possibile determinare il valore di vita degli utenti che sono arrivati a una determinata frase chiave tramite la ricerca organica. Il cielo è essenzialmente il limite quando si affettano e si tagliano i dati sul valore dei clienti.

È necessario tenere conto della seguente parte delle condizioni di servizio di Google Analytics:

Non utilizzerete (e non permetterete a terzi di) il Servizio per tracciare o raccogliere informazioni di identificazione personale degli utenti di Internet. Inoltre, non assocerete (e non permetterete a terzi) i dati raccolti dai vostri siti web (o dai siti web di terzi) a dati di identificazione personale provenienti da qualsiasi fonte nell'ambito dell'utilizzo del Servizio da parte vostra (o di terzi).

Non pretendo di essere un avvocato, ma è possibile interpretare questi termini come una violazione dei termini di servizio di Google. D'altra parte, si può sostenere che Google violi i suoi termini di servizio mostrando in modo evidente l'ID della transazione nella sua interfaccia, che è un'informazione di identificazione personale.

Se siete preoccupati per i termini di Google, potete sempre utilizzare un altro strumento di analisi web. Inoltre, se aggregate i dati per segmento di clientela piuttosto che per singolo cliente, probabilmente non violate l'intento di questa sezione. Dovete essere voi a decidere.

I clienti spesso visitano molte fonti prima di concludere un acquisto. Prima di completare l'acquisto, possono cliccare su molte iniziative a pagamento, su una campagna e-mail e su un link organico. Indipendentemente dalla vostra strategia, dovete considerare che i clienti non seguono un percorso lineare da una fonte all'altra sul vostro sito web.

Quale entità riceve il credito per il cliente? Dovrete stabilire quali sono le normative applicabili. Molte organizzazioni con cui ho avuto a che fare considerano la prima fonte come "proprietaria" del cliente. Tuttavia, riassegnano l'account a un'altra fonte se il consumatore diventa inattivo per un periodo prolungato (ad esempio, nessun acquisto per sei o più mesi).

Se utilizzate questi metodi per tracciare il valore di vita del cliente, scoprirete che il vostro processo decisionale è notevolmente migliorato. Ora potete misurare l'efficacia delle vostre operazioni di marketing in modo molto dettagliato.

CAPITOLO 9: PROPOSTE DI VENDITA UNICHE PER LA VOSTRA AZIENDA IN TEMPI DIFFICILI.

Una recessione non deve necessariamente causare problemi alla vostra azienda. Anche nei mercati più floridi, ci sono alti e bassi per ogni azienda.

Voi e la vostra organizzazione siete adeguatamente preparati e attrezzati per affrontare le esigenze di un'economia debole o difficile?

Molti imprenditori temono la crisi economica e il rischio di perdere clienti, dipendenti o profitti. Credono che se l'economia si indebolisce, i clienti e i committenti ridimensioneranno i progetti, cesseranno di spendere e forse cercheranno persino opzioni più economiche dalla concorrenza.

Questo è vero, ma solo in misura limitata. Certamente, un'economia in rallentamento e uno stato d'animo sfavorevole dei consumatori possono mettere in crisi la vostra organizzazione o permettervi di ottenere nuovi clienti e aumentare le vendite adottando tecniche che funzionano meglio in un mercato in declino e sono fantastiche per i periodi di espansione del mercato.

A seconda del vostro settore, potete impiegare diverse tecniche per preservare e incrementare le vostre vendite mentre i vostri concorrenti competono per sopravvivere.

Le seguenti USP (Unique Selling Propositions) fissano obiettivi quantificabili e identificano azioni strategiche critiche che vi aiuteranno a navigare efficacemente nella vostra azienda in tempi economici imprevedibili, mentre altri lottano per sopravvivere:

1. Sfruttare il periodo di calma per migliorare i fondamentali e le basi della vostra azienda.

Dopo una lunga attività, la vostra azienda ha bisogno di stringere i nodi e i bulloni e di lubrificare le parti mobili per eliminare i cigolii. Iniziate dall'alto, rivedendo e riaffermando i valori, la visione e la missione dell'organizzazione. Assicuratevi che i vostri dipendenti siano spinti a sostenere i valori dell'azienda, mostrando una chiara consapevolezza dei problemi aziendali ed esprimendo il loro contributo.

Allineare gli obiettivi e i valori aziendali con gli incentivi e i premi per i dipendenti. Distribuite le informazioni all'interno dell'organizzazione in modo che i dipendenti possano dimostrare spirito di iniziativa. Coinvolgete il personale nella risoluzione dei problemi e sollecitate i loro suggerimenti unici per aumentare la redditività, migliorare l'efficienza e ridurre le spese.

2: Superare i concorrenti.

Fermatevi un attimo e ponetevi la seguente domanda: se ciò che vendo o offro è sostanzialmente uguale a quello dei miei concorrenti, di cosa ho bisogno per essere diverso e superiore sotto diversi aspetti, tra cui il servizio clienti, il marketing, la promozione e le vendite?

Al di là della creatività e dell'innovazione, la soluzione a questa domanda sta nel differenziare favorevolmente la vostra azienda dalla concorrenza attraverso una "leadership di pensiero" e l'ispirazione dell'ingegno, che deve diventare una seconda natura per voi e per la vostra organizzazione in tempi difficili.

Il vostro obiettivo finale è quello di distinguervi completamente nella mente dei vostri clienti, implementando tecniche di vendita e di marketing innovative per generare Punti di Brillantezza Unici (USP) che siano esclusivi per la vostra azienda e per il settore. In altre parole, la vostra azienda deve distinguersi positivamente dai suoi concorrenti o perire.

3: Riattivare i vecchi contatti.

Con un minimo altro sforzo di vendita, è possibile convertire i vecchi lead in aziende produttive. Molti contatti abbandonati in passato possono essere resuscitati e convertiti se si persiste.

Nel 2007, una ricerca della Harvard School of Business ha indicato che la maggior parte dei venditori, indipendentemente dal settore, abbandona troppo presto. Il 75% delle vendite alle aziende o ai clienti avviene alla quinta telefonata di vendita e il 25% dei venditori effettua più di tre telefonate di vendita!

4. Fornire un livello di servizio superiore ai vostri clienti.

Tenersi stretti i clienti esistenti nei momenti difficili è come tenere il fuoco in mano; di conseguenza, è essenziale per la sopravvivenza e la longevità dell'azienda.

Mantenere una cultura dell'eccellenza nel servizio di vendita, spingendosi oltre, soddisfacendo i clienti e offrendo loro un valore maggiore per il loro denaro, è un metodo infallibile per mantenere lo slancio della vostra organizzazione. Ora è l'occasione per fare l'altro miglio, che potrebbe fare la differenza tra soddisfare i clienti e stupirli.

5. Pianificare ed eseguire un nuovo e audace piano di marketing.

Per evitare che si verifichi una pausa nella vostra attività, dovete fare marketing in modo continuo e attivo durante tutto l'anno e ogni settimana. Non solo quando avete bisogno di affari. Un piano di marketing continuo assicura un flusso costante di nuovi contatti commerciali. Il marketing svolto oggi avvia un ciclo di vendita che si tradurrà in nuovi affari quando ne avrete bisogno tra sei mesi.

6. Migliorare il valore dei vostri attuali prodotti o servizi.

In un periodo di recessione, gli acquirenti sono più che mai attenti ai prezzi. Per questo motivo, è bene rispondere alle loro preoccupazioni fornendo loro il massimo valore per il loro denaro. Non è necessario "regalare il negozio" o fornire un livello di servizio eccessivo.

I vostri clienti vedranno un piccolo sforzo o un servizio in più come un sostanziale guadagno di valore. Utilizzate la tecnologia e i social media per stimolare l'espansione dell'attività, migliorando al contempo il servizio clienti, la comunicazione e il follow-up.

7: Essere ottimisti ed entusiasti.

Durante le stagioni di rallentamento degli affari, è necessario rimanere ottimisti ed evitare lo sconforto. Le persone e i consumatori possono percepire la vostra depressione, che può avere un impatto negativo sulla vostra attività interna ed esterna.

Non perdete la speranza, ma siate entusiasti, abbiate fiducia nei vostri dipendenti, nei vostri prodotti e nei vostri servizi e trasmettete questo spirito di passione e fede ai vostri dipendenti e consumatori. Ricordate che non siete soli, perché in una fase di contrazione del mercato tutti sono sotto lo stesso ombrello e vivono le vostre stesse circostanze.

Cercate l'assistenza di un coach e di un mentore professionisti che vi aiutino ad affrontare i vostri punti di forza e le vostre carenze, a identificare la vostra motivazione interna e a riallineare i vostri sforzi con un quadro più ampio.

8: Astenersi dall'attuare qualsiasi aumento programmato dei prezzi.

Anche se credete che un aumento dei prezzi sia atteso da tempo e che ve lo meritiate, una crisi aziendale non è il momento ideale per attuarlo. Adeguate i vostri prezzi durante questa pausa temporanea per soddisfare una maggiore varietà di clienti.

9. Controllare gli individui negativi e inetti nella vostra organizzazione.

Le persone negative possono danneggiare i vostri risultati anche nelle circostanze più favorevoli. In circostanze difficili, l'ultima cosa di cui avete bisogno è un dipendente negativo o inefficace che non condivide i vostri valori e la vostra cultura aziendale.

Poiché basta un solo dipendente inetto o negativo per frenare un'intera squadra, dovete controllare e gestire queste situazioni con sicurezza e prontezza, licenziando chi non "condivide" la cultura aziendale.

Riassumendo, in ogni ciclo economico e nella carriera di ogni imprenditore ci sono periodi determinanti che richiedono azioni straordinarie commisurate alla sfida da affrontare. Tuttavia, gli imprenditori tendono a perdere di vista il quadro generale a causa dello stress dei periodi difficili.

Assicuratevi che voi e il vostro team riceviate il coaching appropriato per concentrarvi sul "ritorno alle basi" e spingere il vostro team al livello successivo, dove tutti sono abili nei fondamentali e nelle basi.

Tenete a mente il quadro generale mentre sviluppate le tattiche, i programmi e i servizi migliori per aumentare i vostri ricavi, posizionare la vostra azienda per un successo continuo e, soprattutto, separare realmente la vostra organizzazione dalla concorrenza sul mercato.

CAPITOLO 10: COME AUMENTARE LA PERCEZIONE DEL VOSTRO VALORE DA PARTE DEI CLIENTI.

Nella mente del cliente esiste un'equazione matematica che solo lui conosce: l'equazione dei vantaggi e dei costi percepiti. La soluzione di questo calcolo viene poi confrontata con altri acquisti "simili" o potenziali per determinare un valore. Ricordate che tutto questo è nella mente del cliente.

Per osservare questa idea in azione, ricordate il vostro ultimo acquisto significativo.

Come avete deciso di acquistare questo prodotto specifico?

Avete fatto delle ricerche?

Il rivenditore o il venditore aveva solo una marca o un modello e vi siete "accontentati" di quello per un senso di urgenza?

Oppure siete dei logici inflessibili che non scendono a compromessi fino a quando non avete ottenuto il miglior affare possibile?

Anche se si tratta solo di un'analisi superficiale, tutte queste domande dimostrano che le nostre decisioni di acquisto sono influenzate da molte funzioni che si sovrappongono e si intrecciano all'interno di noi stessi, ma in ultima analisi si basano sulla nostra percezione del valore. Se vediamo un affare, acquistiamo. Anche se desideriamo o abbiamo bisogno dell'articolo, non lo acquisteremo se riteniamo che non sia un valore equo e non ci sia un senso di urgenza.

Purtroppo, il valore della vostra attività non è quello che voi considerate, ma quello che i vostri consumatori percepiscono.

In questo caso, quali sono i passi da compiere per assicurarsi di aggiungere valore agli occhi dei clienti? Potrebbe essere semplice come dare altre informazioni o complesso come estendere gli orari di lavoro. Qualunque sia la risposta ottimale, essa avrà origine dal feedback dei clienti. Non affidatevi esclusivamente ai dati demografici e alle ricerche di mercato.

Anche se si tratta di elementi essenziali dell'intero quadro, affidarsi esclusivamente a queste informazioni è una via d'uscita facile. Ascoltate i reclami dei vostri clienti attraverso sondaggi, chiamate di follow-up, interazioni di servizio e funzioni di outreach per anticipare e risolvere le loro esigenze prima che diventino un problema.

Se riuscite ad aumentare la percezione del valore dei vostri prodotti e servizi da parte dei clienti, questi saranno più soddisfatti e più disposti a raccontare ad altri del loro "ottimo affare".

Un valore intrinseco dovrebbe accompagnare tutto ciò che fate per i vostri clienti. A meno che il vostro prodotto non sia il migliore al mondo nel suo genere, dovrete competere con altri che vendono prodotti simili. Forse uno di voi otterrà un vantaggio competitivo fornendo la più ampia selezione di questi prodotti.

Un concorrente potrebbe trovare un vantaggio commerciale offrendo solo in mercati selezionati. Altri potrebbero essere in grado di ridurre la concorrenza offrendo i prezzi più bassi possibili. Tuttavia, viene trascurata una necessità e un valore: l'attenzione di ogni consumatore.

Quando i clienti mostrano interesse per il vostro prodotto o servizio, per estensione mostrano interesse per la vostra azienda e per voi. Nel marketing su Internet ci sono momenti in cui un milione di transazioni possono avvenire senza un solo contatto umano.

D'altra parte, potete ricevere centinaia di migliaia o milioni di chiamate da clienti confusi in giorni in cui la tecnologia stessa è difettosa. Fornendo un servizio eccezionale in questa fase, si fornisce un valore al prodotto a cui gli acquirenti sono interessati, una qualità che forse nessun altro può offrire.

Quante volte vi è capitato di dover scegliere tra prodotti comparabili con prezzi equivalenti?

Qual è stato il fattore decisivo?

L'elemento umano può essere il fattore decisivo, anche se costa qualche altro dollaro. Ricordate che la maggior parte delle persone è disposta a pagare un po' di più per essere trattata in modo unico.

Creare una domanda tra i consumatori è il punto cruciale della vendita. È necessario che i consumatori richiedano i vostri prodotti e servizi. È necessario che vogliano tornare più volte. Nei mercati incredibilmente competitivi di oggi, avere un prodotto eccellente a un prezzo ragionevole non è sufficiente. Il vantaggio verrà dal tradizionale tocco personale, anche nell'attuale ambiente globale e digitale.

Una volta generata una necessità impellente per gli articoli, iniziate ad aggiungere valore ai vostri consumatori trattandoli con un po' di attenzione in più: cosa vi costa dire Buongiorno a chi vi chiama, anche se sapete che si lamenterà?

È completamente gratuito, ma cosa offre in cambio? Forse un cliente che ha chiamato per lamentarsi di un problema minore se ne va con il suo reclamo risolto, la merce in mano e uno sconto, rimanendo fedele.

Avete recuperato una vendita e quasi garantito un'altra vendita con poco più di un po' di tempo, un saluto piacevole e una riduzione di prezzo su un prodotto. (Il vostro budget di marketing dovrebbe essere sufficientemente flessibile per far fronte a questi acquisti). In sostanza, non avete speso nulla.

Soprattutto quando tutto il marketing, le vendite e le altre transazioni sono condotte online, l'elemento personale negli affari a volte manca. Anche un'e-mail per ringraziare un cliente per una transazione passata e invitarlo a un evento di vendita futuro è più che una buona idea, è un obbligo.

CAPITOLO 11: PROMUOVERE IL "PREZZO BASSO", MA IL "VALORE" È ESSENZIALE PER IL SUCCESSO.

Sebbene un prezzo basso aumenti il volume delle vendite, se non riuscite a ridurre contemporaneamente il costo unitario, perdete profitto e (le trombe) i clienti che attirate con un prezzo basso spesso diserteranno quando un concorrente offrirà un prezzo ancora più basso. Se volete mantenere i vostri clienti attuali, potete scegliere di promuovere il "valore aggiunto".

In realtà, gli articoli o i servizi a valore aggiunto spesso hanno un prezzo più alto che gli acquirenti sono disposti a pagare rispetto a quelli con il prezzo più basso. Utilizzate i seguenti esempi come ispirazione per migliorare l'equazione del valore della vostra azienda.

Aggiungete valore con un "servizio extra senza costi": Il veicolo era in officina per una piccola riparazione. Quando ha ritirato il veicolo, il cliente è stato felice di vedere che i tappeti erano stati aspirati gratuitamente.

Attaccato al volante c'era un biglietto da visita che diceva: "Aspiriamo sempre gli interni come parte del nostro servizio a valore aggiunto". Passando l'aspirapolvere sui tappeti, l'officina ha regalato un sorriso al cliente senza alcun costo aggiuntivo.

Aggiungere valore con velocità: Modifiche agli abiti in giornata, spedizioni in giornata, richieste di prestito in cinque minuti e occhiali entro un'ora. Chiamate quando siete pronti a partire e il vostro ordine vi aspetterà al vostro arrivo.

Il vostro forno è appena stato riparato e il fornitore vi offre un valore aggiunto chiamando per confermare che il lavoro è stato completato correttamente.

Migliorare il valore attraverso la comunicazione: Inviate "consigli utili" sull'uso dei prodotti; progettate una newsletter; ringraziate i clienti in occasione degli anniversari dei prodotti (Wow! Il vostro frigorifero ha dieci anni di vita! Il fioraio vi ricorda il compleanno di vostra madre, quindi perché dovreste andare altrove?

Aggiungere valore con l'ambiente: Fiori freschi nell'area di benvenuto; bagni puliti; musica appropriata; packaging creativo e accattivante, ecc. Una mentina è stata presentata con garbo dopo la cena (invece di essere gettata in una "ciotola").

Valore aggiunto con informazioni extra - I clienti hanno acquistato un'apparecchiatura e voi li inviate via e-mail una volta al mese per anni con suggerimenti, altre applicazioni o modi innovativi per sfruttare il loro investimento (va bene ripetere i suggerimenti, ma non troppo spesso).

Non c'è limite all'elenco delle strategie che aggiungono valore. Questa settimana sfido voi e il vostro team a generare un elenco di dieci possibili strategie, a selezionare la più efficace e ad attuarla.

Il metodo di pubblicità più semplice e più pigro è quello di ridurre i prezzi. È di gran lunga preferibile conquistare le persone con un valore maggiore: acquisteranno volentieri da voi se percepiranno di aver ricevuto di più per i loro soldi.

Con questo metodo, potete creare un'immediata soddisfazione del cliente e aumentare significativamente il valore del vostro prodotto.

Come internet marketer, avete precedentemente identificato il settore di mercato e la domanda di mercato. Avete un prodotto o un servizio per il quale avete stabilito un prezzo. Siete pronti a venderlo.

Ma aspettate... Vorreste moltiplicare il valore del vostro prodotto o servizio molte volte, ma non volete che il vostro cliente si senta in difficoltà al momento dell'acquisto, perché anche se il valore del vostro prodotto o servizio può essere moltiplicato molte volte, il pagamento rimane lo stesso!

Che anomalia!

Ripetere la lettura:

Anche se volete moltiplicare il valore del vostro servizio o prodotto per una quantità significativa, il prezzo rimane lo stesso!

Notate la distinzione?

Vi mostro un esempio.

L'idea è quella di "trasformare" il valore del vostro prodotto o servizio in un "valore virtuale del prodotto o servizio".

Supponiamo che io abbia scritto un famoso ebook intitolato "Come trovare la moglie perfetta" e che abbia prezzato ogni copia a 98,00 dollari. Questo è il prezzo di vendita. Questo è il prezzo di vendita dell'ebook o il prezzo corrente al momento della vendita.

Se invece di vendere l'ebook a 98,00 dollari, sviluppo un sistema di affiliazione in cui il potenziale acquirente può iscriversi come membro e ricevere 200 punti di credito per 98,00 dollari, ho rapidamente aggiunto valore all'investimento di 98,00 dollari dell'acquirente.

Con i 200 punti di credito (che ha acquisito per 98 dollari), può acquistare il famoso ebook e gli rimarranno 102 punti di credito per acquistare altri prodotti o servizi da voi.

Osservare ciò che accade immediatamente:

In cambio di 98 dollari, il cliente ha ricevuto un valore percepito maggiore in punti di credito.

Riceve l'ebook più caldo e il credito extra che può utilizzare per altre vendite backend e paga gli stessi 98,00 dollari.

Eseguendo questa semplice azione, soddisfate il cliente e ponete le basi per futuri acquisti di backend.

Consideriamo per un momento in quali altri ambiti si può applicare questa nozione.

Può essere integrato nelle campagne di web marketing esistenti? Questo concetto ha applicazioni illimitate nel marketing offline e online e nel mondo reale e non virtuale.

Tuttavia, se applicata alle vostre attività di marketing online, offre la flessibilità necessaria per migliorare il valore dei vostri prodotti e servizi senza dover sostenere ulteriori costi. Aumenta le entrate e produce un'immediata soddisfazione dei clienti. Questo concetto ha un posto nella vostra strategia di marketing online?

CAPITOLO 12: COME UN SITO WEB PUÒ AUMENTARE IL VALORE DI UN'AZIENDA.

A causa delle spese di progettazione di un sito web, una piccola impresa potrebbe dare poca importanza alla propria presenza online. Dopo tutto, ci sono molte spese che possono sembrare più importanti.

Tra le priorità ci sono l'inventario, le attrezzature, la cancelleria e la pubblicità, ma senza un sito web l'azienda si perde una percentuale crescente di clienti che effettuano ricerche di prodotti e servizi online.

Esistono molti modi per reclutare nuovi clienti, tra cui gli elenchi telefonici stampati, la distribuzione di volantini, le inserzioni su giornali e riviste, le segnalazioni dei clienti esistenti, la distribuzione di biglietti da visita, le ricerche su Internet e la pubblicità online.

Un sito web può aiutare una piccola impresa ad attirare nuovi clienti e ad aumentare i ricavi delle vendite. Con l'aumento del numero di famiglie che hanno accesso a Internet, la domanda di elenchi aziendali stampati diminuisce. Persone di tutte le età effettuano oggi ricerche online per acquistare un articolo o assumere una persona.

Prima di effettuare un acquisto, molti utenti di computer amano fare ricerche su Internet. Un sito web può contenere molte più informazioni di quelle che potrebbero essere trasmesse in una breve pubblicità cartacea. Il sito web di un'azienda può contenere informazioni sui prodotti, prezzi, specifiche tecniche, disponibilità di magazzino, opzioni di consegna e recensioni dei clienti.

Oltre alle informazioni sui prodotti e sui servizi, altri elementi del sito web possono invogliare i visitatori a contattare l'azienda. Un modulo di contatto per i clienti consente a chiunque di inserire il proprio indirizzo e-mail, il numero di telefono e i dati relativi alla richiesta di informazioni, sette giorni su sette e 24 ore su 24. Questo è di grande utilità per le persone impegnate. Questo è di grande utilità per le persone impegnate che possono essere online a tarda notte quando le richieste telefoniche non sono disponibili. Una mappa della posizione aiuterà i clienti a localizzare le sedi delle aziende.

Segnaletica per veicoli, biglietti da visita, cancelleria stampata e annunci sui giornali. Dato il valore aggiunto di un sito web, l'URL può essere inserito in tutto il materiale pubblicitario. Questo incoraggia i potenziali clienti a visitare il sito web, a effettuare un ordine online o a ottenere informazioni sufficienti per chiedere informazioni.

Dopo aver deciso che un sito web è una buona idea, un'azienda può valutare se ha le competenze, le capacità e il tempo per costruire le sue pagine web. In caso contrario, dovrebbe rivolgersi a un web designer e porre le seguenti domande:

- Il nome di dominio desiderato esiste?

- Quali sono le vostre tariffe? Potrebbe esserci un prezzo fisso per pagina, spese annuali di registrazione del dominio e spese mensili di hosting e amministrazione.

- Le pagine web saranno ottimizzate per i motori di ricerca e, in tal caso, è previsto un costo aggiuntivo?

- Quali sono le scelte per l'aggiornamento delle pagine web?

- Qual è il numero di indirizzi e-mail inclusi?

- Sarà inclusa una mappa dell'area?

- È previsto un modulo per le richieste dei clienti?

- Quante foto sono consentite?

    Considerare i requisiti di un sito web aziendale aiuterà a confrontare i prezzi dei web designer e aiuterà l'azienda a massimizzare i benefici della sua presenza su Internet.

CAPITOLO 13: STRATEGIA E ATTENZIONE AL CLIENTE.

Il successo aziendale deve iniziare e concludersi con il consumatore. Il surplus del cliente è la differenza tra ciò che un cliente paga per un prodotto e ciò che pagherebbe per il prodotto o il "valore" del prodotto.

Nel tentativo di far crescere le loro aziende, le organizzazioni hanno difficoltà a convincere i clienti a scegliere i loro prodotti rispetto a quelli dei concorrenti, ad acquistare una quantità maggiore di un prodotto se già lo utilizzano e a provare un nuovo prodotto.

Fondamentalmente, i clienti acquistano quando ritengono che il prezzo sia ragionevole per il valore del prodotto. La strategia aziendale si preoccupa soprattutto di creare valore per l'azienda, il che è impossibile senza creare valore per i clienti.

La strategia e una proposta di valore "attraente" devono ruotare intorno alle esigenze del cliente. Una proposta di valore convincente può essere più competitiva di quella che ricevono attualmente da un rivale e/o qualcosa di completamente nuovo dove non c'è concorrenza.

Il piano più efficace non è necessariamente quello che ci permette di sconfiggere l'avversario. Potrebbe anche essere quello che permette all'azienda di evitare la concorrenza diretta e di fornire un valore superiore al consumatore.

Una strategia per creare un valore superiore deve essere un processo in due fasi, che inizia con la formulazione di una proposta di valore superiore basata su una comprensione approfondita delle esigenze dei consumatori. Il secondo passo consiste nel costruire un meccanismo di distribuzione della proposta di valore efficace ed efficiente.

Mettendo il cliente al primo posto, una strategia vincente viene formulata ponendo domande sui desideri dei consumatori e cercando di scoprire le vere motivazioni, gli obiettivi e i requisiti che i clienti cercano di soddisfare quando acquistano prodotti e servizi. Le migliori offerte di prodotti/servizi sono quelle in cui il cliente vede un buon valore per il prezzo pagato e l'organizzazione può raggiungere il margine di profitto desiderato.

La creazione di valore per il cliente viene prima di tutto, seguita da una risposta competitiva. Ovunque ci sia un'opportunità di profitto, appariranno i concorrenti. Oltre a concentrarsi sul consumatore, una strategia vincente deve affrontare le attività dell'azienda per contrastare le potenziali risposte della concorrenza e la posizione di mercato che adotterà.

Spesso il tema della strategia viene presentato come un sistema di gestione integrativo che si concentra su budget, dichiarazioni di visione e indicatori di performance. Tuttavia, se l'azienda non si concentra sul cliente e sul mercato, tutti i fogli di lavoro e i PowerPoint non porteranno al successo.

"Valore aggiunto" - quel qualcosa in più che fa la differenza.

Cosa vendete?

Siete l'unico venditore di questo prodotto?

Perché dovrei acquistarlo da voi invece che da qualcun altro?

Sul serio, perché la gente compra da voi invece che da qualcun altro che offre lo stesso prodotto? Se tutti gli altri fattori sono uguali, la risposta è il prezzo, e quando si compete sul prezzo, nessuno vince.

Se abbassate i vostri prezzi per competere con un rivale, probabilmente anche lui farà lo stesso e toccherà a voi. È un circolo vizioso in cui non vince nessuno, nemmeno il consumatore, perché per ridurre i prezzi per competere, probabilmente dovrete ridurre la qualità del vostro servizio.

La soluzione al problema è sviluppare un "servizio a valore aggiunto" che vi differenzi dalla concorrenza.

Fornite una garanzia?

Effettuate consegne?

Vendete riordini (in quantità minori) allo stesso prezzo dell'ordine iniziale?

Offrite la spedizione gratuita?

Le patatine sono incluse nel pasto?

Ricompensate i clienti fedeli per la loro attività continuativa?

Avete una "carta clienti abituali"?

Trovate un modo per distinguervi dalla concorrenza e sarete ricompensati profumatamente.

Un socio dell'industria dei pavimenti portava in vacanza i suoi clienti più importanti ogni anno. Quando mi ha informato del piano, gli ho chiesto come potesse permettersi di fare una cosa così estrema. Mi rispose che i suoi clienti "sono disposti a spendere di più perché sanno che ne ricaveranno un viaggio".

Qual è la vostra proposta di vendita unica?

Quando ordino online considero costantemente i prezzi di trasporto, le spese di spedizione e le spese di gestione. Alcune aziende, per qualsiasi motivo, chiedono altri 5-10 dollari come "spese di gestione". Gestiscono le cose in modo diverso dalla concorrenza (che fa pagare solo la spedizione).

Se volete "gestire" il mio denaro (e quello di decine di migliaia di altri consumatori frugali), iniziate a non cercare di fregarmi con le monetine. Se volete differenziarvi, offrire la spedizione gratuita è un inizio semplice.

E i vostri clienti abituali?

Avete qualche progetto speciale per loro?

Fornite loro un motivo per restare con voi: "Oh, mi mancherebbe se non potessi trovare qualcun altro che..."? Se no, trovatene uno.

Inviate cartoline di Natale ai vostri clienti?

E i biglietti di compleanno?

Beh, anche tutti gli altri! Inviate biglietti di auguri per il Giorno della Marmotta ai vostri clienti? No? Posso assicurarvi che se ricevete un biglietto d'auguri per il Giorno della Marmotta, ve ne ricorderete, e non è questo che desiderate?

Trovate un modo per offrire valore al vostro prodotto o servizio; non solo vi differenzierete dalla concorrenza, ma darete anche alle persone un motivo per acquistare da voi!

CAPITOLO 14: COME MIGLIORARE L'ESPERIENZA DEI VOSTRI CLIENTI.

Oggi le catene di ristoranti si assomigliano sotto molti aspetti, dal cibo che servono alle tecniche di marketing che impiegano per attirare più consumatori. Alcune enfatizzano il cibo, mentre altre concentrano le loro strategie di marketing sulla fornitura di un servizio clienti di qualità superiore.

Il servizio clienti di base è un fattore che molte aziende alimentari trascurano. Credono che i clienti continueranno a tornare e a trascurare il loro servizio se offrono una buona cucina.

I clienti istruiti, che conoscono i loro diritti fondamentali e vogliono il massimo valore per il loro denaro, non trascurano queste semplici considerazioni. Questi piccoli gesti, definiti semplicemente "servizi extra", lasciano i consumatori soddisfatti e contenti.

L'attenzione del personale è un altro fattore che incoraggia i clienti a tornare. Mentre alcuni clienti si prendono il loro tempo per decidere il menu, altri preferiscono ricevere consigli utili, come le specialità del ristorante, i piatti preferiti e altri ancora. Alcuni consumatori amano l'attenzione silenziosa, mentre altri desiderano un'attenzione vivace e amichevole.

Sebbene sia consuetudine di un ristorante avere qualcuno che accolga i clienti all'ingresso, aprire loro la porta e condurli a un tavolo vuoto li impressionerà. Tuttavia, offrire loro un posto perfetto nella zona pranzo, come una vista mozzafiato sul tramonto, li farà sentire ancora più speciali.

Nell'attesa del pasto principale, l'offerta di antipasti in omaggio dimostra che i ristoratori sono interessati a massimizzare i guadagni e a stabilire un legame piacevole e reciprocamente vantaggioso con i loro clienti. Un modesto piatto di pane all'aglio o di mandorle e simili non danneggia il portafoglio dell'imprenditore, mentre i sorrisi che si dipingono sui volti dei bambini sono impareggiabili e impagabili.

I gestori o i proprietari dei ristoranti si rivolgono di tanto in tanto ai clienti abituali e li chiamano per nome, favorendo un rapporto più caldo e personale che non si concentra solo sul proficuo rapporto cliente-impresa.

L'attenzione alle loro richieste è il fattore essenziale, poiché i clienti hanno una vasta gamma di esigenze che qualcuno con un grande occhio per i dettagli può solo percepire.

I clienti hanno umori e atteggiamenti diversi, preferenze e stranezze. Tuttavia, una conoscenza di base del servizio clienti e dei diversi tipi di clienti guiderà i ristoratori, i gestori e l'intero team a trattare con loro nel modo più efficace e al momento più opportuno.

Scegliete solo le migliori forniture per ristoranti, perché la ristorazione deve essere sempre un piacere per la lingua e per gli occhi. Le forniture e le attrezzature per ristoranti di prima qualità sono accessibili online, sette giorni su sette e 24 ore su 24, in modo da non dover andare lontano per soddisfare le esigenze del vostro ristorante.

Come potete aumentare il vostro valore?

1. Siate specifici nella vostra offerta.

Prima di contribuire con altri valori, dovete essere consapevoli del vostro valore e dei vostri talenti e doni naturali. Rispondete a queste domande. "Che cosa sperano di ottenere i miei clienti ideali lavorando con me?". "Come si distinguono la mia personalità, il mio scopo e le mie capacità?".

Come posso sfruttare efficacemente i miei punti di forza per ottenere i benefici desiderati dai miei clienti target?

2. Siate brillanti dove siete.

Utilizzate le vostre abilità speciali per trasmettere le ricompense che i clienti desiderano. Se siete ispiratori, siate ispiratori. Se siete specifici, siate specifici e date loro ciò che desiderano. I clienti vi acquistano come parte di un pacchetto, quindi siate autentici e sicuri. Lo adoreranno.

3. Vedere il futuro.

Chiedete ai potenziali clienti i loro desideri. Partecipate alla loro visione. Una volta stabilito che si tratta di una soluzione adatta, spiegate perché siete il candidato ideale. Fate un quadro di ciò che osservate. Entusiasmatevi per la possibilità di collaborare e di co-creare il loro sogno! Se vi annoiano, indirizzateli a un'altra persona.

4. Donate più di quanto ricevete.

Aggiungete altro valore per il puro piacere di donare! Superare sempre il valore concordato. Fornite informazioni, strumenti, risorse e raccomandazioni. Diventate una risorsa per i vostri clienti e potenziali clienti. Canteranno le vostre lodi.

5. Siate felici.

Sempre e solo, DIVERTIRSI! La gioia è contagiosa e i clienti amano la compagnia di persone felici ed entusiaste. Ricordate che più valore apportate al mondo, più ne riceverete in cambio.

Quando tutti doneranno con il cuore, il mondo si trasformerà!

Creare ricchezza per gli altri semplicemente (ed efficacemente) essendo se stessi.

CAPITOLO 15: SUGGERIMENTI PER AGGIUNGERE VALORE AI VOSTRI CLIENTI.

Potete fornire altro valore se create un'azienda e volete attirare più clienti. Invece di concentrarvi su ciò che desiderate dai clienti attuali e potenziali, sottolineate il valore che potete offrire loro.

Quando le donne visitano il banco dei cosmetici in un grande magazzino o si sottopongono a una pulizia del viso, adorano ricevere piccoli campioni di articoli. Lo stesso vale per i vostri clienti. A loro piace ricevere piccoli "campioni" o extra. Li fa sentire speciali e apprezzati.

Quali sono gli oggetti semplici, piacevoli e facili da creare che potreste regalare ai vostri clienti e che avrebbero un impatto significativo? Le possibilità sono illimitate se usate la vostra immaginazione! Ad esempio, una newsletter, un articolo o un elenco di consigli, una lista di controllo o un quiz, una piccola quantità di tempo in più, una segnalazione, un invito al vostro seminario, un segnalibro o un diario fatto a mano.

Newsletter, articoli e suggerimenti.

Credo che le newsletter siano il metodo più efficace per stabilire relazioni con i potenziali clienti. Con il tempo, le persone imparano a conoscervi, ad apprezzarvi e a fidarsi di voi e sono disposte a fare affari con voi.

Secondo gli esperti di marketing, le persone devono vedere o sentire il vostro nome o i vostri servizi almeno sette volte prima di essere disposte ad acquistare da voi. Una newsletter è un ottimo modo per mantenere il contatto e fornire contemporaneamente valore.

Le newsletter via e-mail sono ormai molto diffuse e, grazie alla tecnologia odierna, sono semplici e poco costose. Non è necessario scrivere un lungo articolo, ma si può iniziare con un semplice elenco di suggerimenti.

Liste di controllo e quiz.

Creare liste di controllo e quiz personalizzati per i miei clienti è stato piacevole. Le persone si divertono a rispondere a quiz di 20 domande con risposte "sì/no" o "su una scala da uno a dieci". Sono semplici da creare per i vostri clienti, che li troveranno molto utili.

Chiedetevi: "Quali sono le prime dieci cose che i miei clienti vogliono e quali sono i primi dieci problemi che devono affrontare?". Create un elenco che combini le esigenze e gli ostacoli e avrete una valutazione personalizzata semplice e pronta per l'uso.

A seconda del cliente, il titolo potrebbe essere "Sei in buona salute come potresti essere?" o "La tua vita è in armonia?". Oppure: "Possiedi le qualità di un imprenditore di successo?". Avete il concetto.

Tempo extra.

Offrite a un cliente che incontra difficoltà eccezionali altri 10-15 minuti del vostro tempo. Informateli che state concedendo loro un altro tempo, in modo che non se lo aspettino ogni volta, oppure contattateli telefonicamente o via e-mail tra una sessione e l'altra per verificare i loro progressi.

Apprezzeranno molto il vostro interesse e non richiederà molto del vostro tempo. Inoltre, è bello offrire loro un po' di tempo in più, un'e-mail o un biglietto scritto a mano per celebrare il loro successo.

Raccomandazione alla vostra rete.

La vostra strategia di marketing per far crescere la vostra attività dovrebbe includere l'espansione della vostra rete e del vostro database. Potete sfruttare la vostra rete agendo come risorsa per i vostri clienti e indirizzandoli verso persone che forniscono i servizi richiesti. Un cliente potrebbe dire di aver bisogno di un buon commercialista o di aver provato dolore alla schiena dopo aver giocato a tennis e di essere alla ricerca di un buon chiropratico.

Ecco l'opportunità di raccomandare i professionisti che conoscete. Il cliente apprezzerà molto il fatto che abbiate una vasta rete di contatti personali. È consigliabile fornire più nomi, in modo che il cliente possa scegliere autonomamente con chi lavorare.

Una richiesta di partecipazione al vostro seminario.

Invitate i clienti a partecipare ai vostri seminari e workshop gratuitamente o a prezzo scontato. Informate i clienti che saranno i primi a conoscere le vostre prossime conferenze e seminari. I clienti si sentiranno parte della vostra "cerchia ristretta" se saranno i primi a saperlo.

Offrite loro un incentivo o una commissione per portare un amico o un collega, ad esempio uno sconto del 20% per ogni persona che si iscrive. Se portano cinque ospiti, l'ingresso è gratuito. In questo modo, i partecipanti vengono incentivati e contribuiscono a riempire il vostro workshop. Potrebbe essere il denaro meglio speso per pubblicizzare la vostra attività, ed è gratuito.

Vi sentirete meglio quando fornirete costantemente altro valore ai vostri clienti e la vostra attività crescerà rapidamente!

CONCLUSIONE.

Creare un valore eccezionale per i clienti è essenziale per determinare il successo di un'azienda. Indipendentemente dal prezzo, i consumatori vogliono avere la sensazione di ricevere il miglior valore per il loro tempo e denaro. A maggior ragione, vogliono credere che gli omaggi che offrite loro siano di valore eccezionale.

Migliorando il valore dei vostri prodotti e servizi, potete aumentare contemporaneamente i prezzi che applicate e i vostri guadagni. Ecco alcuni suggerimenti per stabilire e migliorare il valore dei vostri prodotti e servizi:

Superare sempre le aspettative dei clienti: Superando le normali aspettative dei vostri clienti, migliorerete significativamente il valore che essi percepiscono come vostro. Più i clienti considerano voi e la vostra azienda di valore, maggiore sarà la qualità delle informazioni o del lavoro che fornirete loro.

Non siate come tutti gli altri: siate unici. Molti mercati sono saturi di prodotti e servizi identici che si differenziano poco o nulla dalla concorrenza.

Ci sono molti modi per differenziarsi dalla concorrenza. Potete confezionare i vostri prodotti in modo diverso dai concorrenti. Potete elaborare una strategia di vendita diversa da quella degli altri.

Ci sono molti modi per distinguersi dal branco. Potete progettare prodotti informativi che appaiano diversi da quelli dei vostri concorrenti. Potete fare in modo che il vostro sistema di vendita sia semplice e facile da usare.

Un numero sproporzionato di aziende, in ogni settore, non si preoccupa del servizio clienti. Finché avete acquistato il loro prodotto, non hanno alcun interesse a sapere se avete avuto un'esperienza positiva o meno con la loro azienda.

I clienti amano fare affari con le aziende che offrono un servizio clienti di qualità superiore. La buona notizia è che voi potete trarne vantaggio. Potrete fornire un servizio clienti eccellente a chi ne è sprovvisto. Potete aumentare in modo significativo il valore percepito dei vostri prodotti e servizi nella mente dei vostri clienti. Fornite sempre un servizio clienti eccellente!

Stabilire relazioni è l'essenza del business. I vostri clienti e i vostri clienti apprezzano le relazioni a lungo termine. In questo modo la vostra azienda diventa molto più di un semplice luogo di acquisto. Diventate un amico e un consulente prezioso a cui rivolgersi per domande e problemi. Se fornirete costantemente questo servizio, avrete clienti fedeli per tutta la vita.

Aggiungete un valore extra: Questo sembra evidente dal titolo dell'articolo. Se voi e il vostro concorrente offrite lo stesso prodotto allo stesso prezzo, dovete chiedervi perché un cliente dovrebbe decidere di acquistare da voi piuttosto che dal vostro concorrente.

A meno che non aggiungiate più valore alla transazione, come un servizio post-vendita superiore o termini di restituzione più lunghi rispetto ai vostri concorrenti, il cliente non considererà la vostra azienda in modo diverso dalle altre.

Fornire un valore eccezionale al cliente distinguerà la vostra azienda dalla concorrenza! Al giorno d'oggi, la concorrenza è dura e brutale e dovete offrire ogni possibile vantaggio per vincere nel vostro settore.

Competenze gestionali per manager.

1. Gestione del tempo per manager
2. Coaching dei dipendenti per dirigenti
3. Team building per manager
4. Fiducia in se stessi per dirigenti
5. Abilità di negoziazione per manager
6. Abilità di servizio al cliente per manager
7. Assertività per manager
8. Galateo commerciale per manager
9. Capacità di ascolto per manager
10. Capacità di leadership per manager
11. Abilità comunicative per manager
12. Abilità di presentazione per manager
13. Gestione dello stress per manager
14. Processo decisionale per manager
15. Gestione dei conflitti per manager.

Serie: Libertà finanziaria a qualsiasi età.

- Raggiungere la libertà finanziaria a 20 anni
- Raggiungere la libertà finanziaria a 30 anni
- Raggiungere la libertà finanziaria a 40 anni
- Raggiungere la libertà finanziaria a 50 anni
- Raggiungere la libertà finanziaria a 60 anni
- Raggiungere la libertà finanziaria a 70 anni e oltre.
- Raggiungere la libertà finanziaria nei bambini
- Raggiungere la libertà finanziaria negli adolescenti
- Raggiungere la libertà finanziaria negli studenti universitari.
- Truffe finanziarie da cui stare attenti in pensione.

Serie: Finanza personale per voi.
- ➢ Comprare e vendere criptovalute per principianti
- ➢ Perché investire in azioni a dividendo ha senso.

Serie: Ricchezza 2022.

- ➢ Imprenditorialità online.
- ➢ Avviare un'attività in proprio
- ➢ Gestione della ricchezza
- ➢ Reddito passivo.
- ➢ 12 passi per avviare un'attività in proprio.

Serie: Servizio clienti eccellente.
- ➢ Servizio clienti eccellente nella vendita al dettaglio
- ➢ Servizio clienti eccellente nei fast food
- ➢ Servizio clienti eccellente in un ristorante a servizio completo
- ➢ Servizio clienti eccellente nell'insegnamento.
- ➢ Servizio clienti eccellente nel settore immobiliare
- ➢ Servizio clienti eccellente in un call center
- ➢ Servizio clienti eccellente come receptionist
- ➢ Servizio clienti eccellente in un hotel
- ➢ Servizio clienti eccellente nella vendita
- ➢ Servizio clienti eccellente in qualsiasi situazione.

- Servizio clienti eccellente in uno studio dentistico
- Servizio clienti eccellente in uno studio medico.

Serie: Soldi veloci.

- Soldi veloci in una settimana
- Soldi veloci in un weekend
- Soldi veloci in un mese
- Soldi veloci per studenti.

Serie: Come promuovere.

- Come promuovere il libro di ricette
- Come promuovere un libro per bambini.

Altri libri di D.K. Hawkins.

- Come far prosperare l'azienda durante la recessione
- Creare un plusvalore per i clienti
- Riconoscere le opportunità per aumentare il flusso di cassa.

Biografia dell'autore

D.K. Hawkins. A D.K. piace leggere libri di economia personale e passare il tempo all'aria aperta. Altri libri verranno aggiunti a questa raccolta, quindi vi invitiamo a seguirci su Amazon per altri libri.

Grazie per aver acquistato questo libro.

Lo apprezzo sinceramente e apprezzo lei, il mio eccellente cliente.

Dio vi benedica.

D.K. Hawkins.

www.ingramcontent.com/pod-product-compliance
Lightning Source LLC
Chambersburg PA
CBHW050006230526
45465CB00003BB/1286